女孩父母应该知道的养育真经

U1013158

晓丹◎著

养育女孩

精华版

商务印书馆国际有限公司

图书在版编目（CIP）数据

养育女孩：精华版 / 晓丹著 . -- 北京：商务印书馆国际有限公司，2020.1

ISBN 978-7-5176-0711-3

Ⅰ . ①养… Ⅱ . ①晓… Ⅲ . ①女性—家庭教育 Ⅳ . ① G78

中国版本图书馆 CIP 数据核字（2019）第 222818 号

养育女孩（精华版）

作　　者　晓　丹

责任编辑　蔡红英

出版发行　商务印书馆国际有限公司

地　　址　北京市东城区史家胡同甲 24 号　邮编 100010

电　　话　010-65592876（总编室）

　　　　　010-65227580（编辑部）

　　　　　010-65598498（市场营销部）

网　　址　www.cpi1993.com

印　　刷　三河市紫恒印装有限公司

开　　本　880mm×1230mm　1/32

字　　数　185 千字

印　　张　7.5

版　　次　2020 年 1 月第 1 版　2020 年 1 月第 1 次印刷

书　　号　ISBN 978-7-5176-0711-3

定　　价　28.00 元

版权所有 · 违者必究

如有印装质量问题，请与我公司联系调换。

女孩需要精心养育

“穷养儿子富养女”是中国父母养儿育女的金科玉律。然而，如今生活条件好了，吃穿不愁，对于养育女孩，不能停留在物质上，不能停留在娇生惯养的层面上。父母至少要从以下几个方面对女孩进行科学养育：

满足女孩的正常生活需求，但别让钱财毁了她。

生活中经常听到，一些爱慕虚荣的拜金女因贪图一时的享受而堕落、误入歧途，葬送了未来，甚至付出生命的代价。可见，女孩从小要适度富养，别让她在物质方面受穷，以免让她长大后因为小恩小惠而迷失自己、毁灭自己。若女孩能从小得到正常的物质条件，同时被家长带着出去多见世面，便可以增加阅世能力，慢慢学会应对各种诱惑，懂得哪些应该争取、哪些不该伸手，懂得自我保护，步入社会后，才不易被各种浮华和虚荣所迷惑，避免一失足成千古恨。

丰富女孩的礼仪知识，让她成为有教养的人。

很多女孩待人接物很不礼貌，如遇见熟人不打招呼、从来不说“谢谢”“对不起”、随意打断他人说话、用脏话辱骂同学、乱翻别人东西等，这些坏毛病让女孩变得不懂规矩和礼节，常常给父母和他人带来不必要的难堪。“子不教，父之过”，女孩不懂待人接物的基本礼仪，做父母的逃脱不了责任。父母在平时要有意识地培养她的个人礼仪。例如，家人之间要礼貌相待，给女孩做个懂礼仪的好榜样；

教女孩学会互换角色，将心比心，体会别人的感受……这样，才能将女孩逐渐培养成为一个懂礼貌、讲礼仪、举止得当的社交达人。

善待女孩的心灵，让她的世界充满爱。

很多父母因为工作忙、应酬多、压力大等原因，会忽略对孩子内心的关照，对孩子表现出来的爱也视而不见，甚至加以训斥，把孩子的爱心生生扼杀了。比如，女孩为下班回来的爸爸倒了杯茶，爸爸却着急地把她轰走："快去写作业，谁用你倒茶。"女孩捡到一只受伤的小鸟，妈妈却急忙阻止："别摸它，多脏啊。"女孩的爱心就这样被剥夺了。家长平时应注意对女孩一言一行的引导，如带女孩去敬老院看望孤寡老人，乘坐公交车时让女孩给老人和孕妇让座，让女孩帮忙照看家中喂养的宠物等，女孩仁慈博大的爱心才会随着成长不断扩展和升华，成为一个富有纯真爱心的人，而不会是一个自私、冷漠的人。

提升女孩高贵优雅的气质，让她成为有思想有内涵的人。

现代女性要做到不媚俗、不盲从、不虚荣，让人欣赏，自然少不了高贵优雅的气质。高贵，并非指一定要出身豪门或地位显赫；优雅，也并非在奢华的环境中摆弄小资格调或附庸风雅。我们常常能看到：有些女孩出身豪门、年轻貌美，却缺少高贵优雅的气质；有些女孩来自普通家庭，相貌并不出众，但却气质不凡、魅力十足。气质之美并不是女孩天生就具有的，是通过后天的培养和训练逐渐激发出来的。"腹有诗书气自华"，女孩只有接受正确的教育，经过生活、文化、情操和艺术的熏陶，才能成为有思想有内涵的气质女孩。

培养女孩的情商，让高情商成就女孩一生的幸福。

一项研究显示：衡量女孩在学校或其他集体生活里表现的标准，不是看女孩积累了多少知识，而是看其情感与社会性发展状况。可以说，情商的高低，决定了一个女孩未来的命运。女孩情商越高，对事情的驾驭能力就会越强，就越善于洞察别人的心态，拥有幸福人生的概率也就越大。因此，在养育女孩方面，父母们需要更多地培养女孩自知、自信 、自尊、自控、自律、自理、自我欣赏，具备责任心、同理心等能力，不断挖掘她的潜能，让她成为一个高情商的幸福女孩。

给女孩更多的锻炼，让女孩经得起磨炼

经常有媒体报道大学生上学父母陪读、上招聘会父母陪伴的现象，这都是因为父母希望为孩子设计一条阳光大道，希望孩子能少受些磨炼，顺利成长。然而，结果却常常与愿望背道而驰。人们总是习惯性地给女孩贴上“柔弱”“娇嫩”“胆怯”等标签，以为女孩不勇敢不坚韧。事实并非如此，大多数女孩的内心深处都有一颗不服输的心。作为女孩父母，要引导女孩从小事做起，从现在做起，做事持之以恒，善始善终。这样可磨炼她的意志，让她具有更强的进取心，成为一个经得起挫折的坚强女孩。

养育女孩，不光是金钱上的投入，更多的是爱和呵护，是品质的精心培育。希望本书能帮助每一位家有女孩的父母认识到，好女孩一定是养育出来的。衷心祝愿普天下的父母，能在养育女孩的道路上一帆风顺，为自己的女儿开辟出一个美好灿烂的世界，让女孩自信勇敢、乐观向上、见多识广、高雅睿智、一生幸福！

目录 Contents

第三章 为女孩架起艺术的天梯

培养多才多艺的小公主

第四章 注重情商培养

让女孩获得愉快心境和完美人生

第五章 性格决定女孩的一生

让女儿赢在好性格

第六章 女儿当自强

经历挫折洗礼的女孩最有出息

第七章 呵护女儿善良的天性

让女孩学会爱和感恩

第八章 给女儿一个护身符

帮助女孩顺利度过青春期

第一章

爱在左，管教在右

养育女孩的必备教育准则

很多女孩父母似乎很清楚如何爱和如何管教自己的女儿，但最后却发现，自己爱的方式让女儿变得骄纵任性，而自己管教的方式让女儿变得叛逆冷漠。于是，父母们迷惑了："我的教育方式错了吗？"其实，养育女孩最关键的就是父母要掌握好正确的"爱与管教"的教育方式，懂得如何与女儿进行心灵的交流。

第 1 招

女孩离不开父母的尊重

养育真经

父母给女儿选择最好的学校，给女儿最优越的生活条件，都是出于爱，希望女儿能有一个成功美好的未来。但如果养育不以尊重女儿为前提，到最后很可能两败俱伤。

每个女孩都具有丰富的情感和个性，具有你想象不到的潜能和创造力。唯有父母充分尊重她们，才能使她们更加健康而快乐地全面发展，因为女孩健全的个性是以自尊、自信、自立为条件建立起来的。

可能很多父母会说：“女儿这么小，不懂什么是尊重。反正我做得一切都是为她好，她照做就行了！”事实并非如此，每个女孩都渴望得到他人的尊重，这种心理需求并没有年龄的限制。一个从小就得到大人尊重的女孩，长大后也懂得该如何去尊重别人。

教育专家通过调查研究发现：儿童最初受到尊重的感觉是从父母那里得到的，而且通过日常生活中的不断训练和教育，他们尊重别人的意识是可以逐渐建立起来并得到强化的。

一位母亲曾遇到这样的一件事情：

一天，我去公园散步，看见几个小女孩正在跳皮筋。跳着跳着，一个跳得不是很好的小女孩被同伴批评了几句，小女孩倒没什么反应，但她一直在旁边观看的妈妈看不下去了，大声呵斥女儿说："你可真够笨的！这么简单都不会跳。走，回家去，别丢人了！"伸手就要去拽她女儿，小女孩很尴尬。我赶忙上前拉住这位母亲并对她说："你这样当着女儿同伴的面训斥她，小孩子的尊严往哪儿搁？让孩子自己玩儿吧！"虽然这位母亲没有听我的,但她的这种举动在我看来，就是对女儿自尊心的伤害。

孩子因为年纪小,分不清是与非,但对于好话和坏话却清楚得很。受到父母尊重的女孩大都懂得与人友好合作，这是女孩受到尊重后最直接的反应。

虽然说现如今很多年轻的父母都受过良好的教育，也基本能认识到教育女孩的重要性和科学性，但还是有很多父母不知道尊重自己的孩子，只凭借自己的意愿为孩子规划生活，甚至想要左右孩子的思想和人生。

可见，学会尊重女孩并不是一件很简单的事情，更不是一朝一夕就能做到的事情，需要父母对尊重女儿有正确的认识、正确的教育方法以及止确的心态。

方法一：遵循女孩成长的自然规律

著名教育家卢梭曾说过："大自然希望儿童在成人以前，要有儿童的样子。如果我们打乱这个次序，就如同摘早熟的果实，它们既不丰满也不甜美，而且很快就会腐烂。"没错，虽然我们都深爱着自己的女儿，希望她在将来能有所成就，但这一切都必须以遵循和尊重女儿成长的自然规律为前提，让她循序渐进地走完每一个人生阶段。

辛柔是一个8岁的可爱小女孩，她不但学习成绩优异，而且钢琴弹得也不错。妈妈觉得女儿学钢琴上很有天赋，甚至会成为一个女郎朗，所以为女儿请了一个钢琴老师。每天放学后女儿一写完作业，就要马上练习钢琴。渐渐地，原本活泼开朗的女儿变得沉默寡言，而且一到练钢琴的时间就显得极为烦躁，学习也没有什么成效。

有一项调查结果显示：儿童梦呓、夜惊、磨牙、梦游，五岁以上孩子遗尿等睡眠障碍的发生率高达50%，而造成这种不良状况的原因之一就是学习压力过大。

在学习过程中遇到困境和失败是难免的，可很多父母不懂得检讨自己的教育方法和心态，反而一味责骂和批评孩子。这种行为致使很多女孩无法接受失败，不敢花费时间玩耍，整天都觉得自己压力很大。她们越想努力达成父母的期望，就越是失败。因此，我们不应该给女儿太多压力，而是应该尊重她们的孩童天性，让她们该玩的时候玩，该学习的时候学习，拥有一个轻松快乐的童年比什么都重要。

方法二：尊重女孩的独立人格和自我意识

两三岁时，女孩的自我意识逐渐形成，她们会提出“我自己做”“我自己来”的要求，并想要尝试着去做每一件事情。

假如有一个3岁的小女孩想要自己穿衣服，虽然她可能连衣服的正反都无法分清楚，但她还是笨拙地想要尝试，甚至在这个过程中不小心扯掉了衣服上的扣子。如果你是这个女孩的父母，并正巧看到这一幕，你会怎么做或怎么说呢？

事实上，现实中有很多父母会说：“小祖宗，你在干什么？快来，我帮你穿上！”或者“你能不给我添乱吗！多大点儿人，就长能耐了！”这种说法或做法根本就是在剥夺女孩学习和锻炼的机会，是对孩子的一种不尊重。

作为父母，我们应该随着女孩独立人格和自我意识的增强，适当地对她放手，并且通过各种方式以实际行动给予女儿支持。例如对女儿表达你对她的信任和理解，给女儿独立的空间，让女儿自由支配自己的时间，尊重女儿的选择和决定，善待女儿的朋友等。

第 2 招

与你的小公主做朋友

养育真经

父母能够与女儿朋友式地相互尊重、交流沟通，才能走进女儿的内心世界，让女儿感觉到自己被父母尊重和信任，进而和父母的关系更为亲密。

一位教育专家曾说过这样一句话："如果孩子不愿意把自己的欢乐和痛苦告诉父母，不愿意与父母坦诚相见，那么谈论任何教育总归都是可笑的。"的确，虽然在父母心里，女儿可能永远长不大，但是很多女孩子在青春期到来时或者更早的时候就已经愿意把自己当成大人了。

所以，作为父母我们完全可以站在平等的位置或者以朋友的身份和女儿谈论问题，例如和女儿谈论她的兴趣、爱好、情绪、理想、友情等。

一天，张叶的妈妈给张叶辅导作业，一道数学题妈妈讲了半天，张叶却心不在焉。于是，发怒的妈妈让她到房间去闭门思过。张叶看到妈妈生气了，就主动去给妈妈道歉，谁知妈妈依然怒气难消。

但是，十几分钟后，张叶的妈妈逐渐冷静了下来，推开女儿的房门，发现女儿正在房间里委屈地哭泣。这时，张叶的妈妈走过去温柔地说：“小叶，是妈妈不对，我太冲动。妈妈向你道歉，以后我再也不这样了，你原谅我好吗？”

此时，张叶不敢置信地抬起头看着正笑对着自己的妈妈，突然大哭了起来。妈妈抱着她，轻柔地为她擦干眼泪。张叶说：“妈妈，今天我也不对，我以后一定认真听！”妈妈也被女儿的话感动了，没想到自己一句温柔的话就让女儿改变这么大。接下来，张叶主动要求自己解答问题，并且凭借自己的能力做了出来。从此之后，每当和女儿有了矛盾，妈妈都会主动放下架子，以朋友的口吻跟女儿商量。以这种朋友的关系相处，母女俩变得无话不谈，亲密无间。

试想一下，如果事例中的母亲以暴力教育来解决和女儿之间的问题，那么结果只能是彼此对抗，而这位母亲使自己冷静了下来，然后以朋友的身份和女儿交流、沟通，最终重新赢回女儿的信任和理解。她从和女儿做朋友的过程中得到了很多她原先可能没得到的东西，例如信任、尊重、亲密的亲子关系、理解、女儿的努力进取等。

其实，父母和女儿做朋友，能够意外地收获很多的好处：

和女儿做朋友，会让女儿毫无芥蒂地与你分享她深藏的小秘密；

和女儿做朋友，会使敏感的小公主对你无话不谈；

和女儿做朋友，会让你更快地了解和掌握女儿的苦乐哀愁，以便帮助她出谋划策；

和女儿做朋友，会使叛逆的小丫头愿意听取你的意见，找到正确的解决问题的办法；

…………

可见，和女儿做朋友，是走进女儿心灵深处的最佳途径。那么父母究竟具体该怎么做，才能被女儿承认是朋友呢？

方法一：时常沟通，随时把握女孩的心理

在晓月的家里，有一个包装很可爱的意见箱。晓月的父母与晓月之间出现沟通障碍时，都是靠它来解决问题的。

有一次，晓月突然不开心了，爸爸很纳闷，问女儿发生了什么事情，晓月只是摇摇头，什么话也不说。于是爸爸就写了个纸条丢进意见箱里："月月，是不是爸爸哪里惹到你了，告诉我好吗？"一段时间后，晓月也丢了一张纸条进去："爸爸，你早上叫我写字，说我这个写不好，那个没写对，还说我笨！"爸爸看到女儿的纸条，马上向女儿道歉，并且保证以后再也不这样说了。

其实，很多女孩都比较敏感，而且她们比男孩的心思要难猜多了，有时就算父母看出了女儿的不对劲，但是问她们的时候，她们也不一定愿意说出来。所以，这时候，意见箱就成了父母与孩子之间的沟通桥梁了。

除此之外，父母在与女儿建立沟通渠道之前，一定要试着了解女儿，有想和女儿交朋友、走进她内心深处的想法，然后采取有效的方法建立与女儿之间的信任。例如你可以尝试上面事例中意见箱的方法，也可以和女儿运用交换日记的形式，真诚地分享彼此的秘密。

相信通过父母与女儿真诚有效的沟通，你们一定会成为最亲密的好朋友，这自然也是加深亲子关系的最佳途径。

方法二：和你的小公主保持畅通的沟通

父母在和女儿做朋友时，不要总是以成人的眼光和长辈的姿态去和女儿沟通，要做到和女儿无话不谈、相谈甚欢。千万不要因为不能理解或不能接受女儿的话题，就拒绝和女儿交谈或者随意地批评、指责女儿，那会让你们的谈话不但毫无意义，还会加深彼此的误解和矛盾。

一天，13 岁的静茹突然问自己的妈妈："妈妈，爱情和面包你会选择哪一个？”妈妈心里一惊，刚上初中的女儿怎么突然问出一个成人的问题？自己必须认真回答才行，于是妈妈想了一下说：“我会选择爱情，有了爱情就会有一个共同吃面包的人，也才能去为更多的面包共同努力啊！”静茹小嘴一噘，说：“有了面包才有资格谈论爱情，爱情不能当饭吃。”妈妈思忖着说：“先有面包固然好，但也要人一起分享啊！”静茹反驳说：“可爱情是件麻烦事，我讨厌磨磨唧唧的男人。”

这时，妈妈有些了解女儿为什么突然问自己“爱情与面包”的问题了，因为她暗暗知道女儿和一位男生关系忽冷忽热，并且为此而烦恼呢。于是，妈妈没有捅破，而是借用了一句歌词自编自唱：“爱情这东西，拥有了好麻烦，没有了又拼命想，来早了添麻烦，来晚了又着急，不早不晚最香甜哪。”听完妈妈唱的歌，静茹会意地笑了，母女俩认真地坐在一起谈论了少女朦胧的爱情。

看来，这是一位智慧的妈妈。她不仅和女儿像朋友一样聊爱情的话题，而且最后含蓄地表达了自己的意见，这自然会赢得女儿的信任和喜爱。作为父母，我们应该向这位母亲学习，和女儿如同好友一样平等交流、畅谈无阻，这样才能真正走进孩子的内心世界，更准确地引导她的思想走入正确的轨道。

第 3 招

为女孩创建一个温馨的港湾

养育真经

对于更依赖家庭、依赖父母的女孩来说，家庭环境对她们的影响是非常大的。父母应该努力为她们营造一个快乐和睦、温馨甜蜜的家庭氛围，让她们幸福快乐地成长。

据相关教育专家的研究，孩子有三分之一的时间是在家庭中度过的，所以家庭对于孩子的影响是非常大的。美国一位心理学家曾经精辟生动地阐述了家庭教育环境和孩子成长之间的关系：

在批评中长大的孩子，将来会责难他人；在敌意中长大的孩子，将来喜欢与人争吵；

在嘲笑中长大的孩子，将来会个性羞怯；在猜忌中长大的孩子，将来容易心生忌妒；

在羞耻中长大的孩子，将来会自觉有罪；在恐惧中长大的孩子，将来常常心生忧虑；

在鼓励中长大的孩子，将来会深具自信；在称赞中长大的孩子，将来会懂得感恩；

在宽容中长大的孩子，将来会懂得忍耐；在分享中长大的孩子，将来会慷慨大方；

在信赖中长大的孩子，将来会信任他人；在公正中长大的孩子，将来会极富正义。

对于更依赖家庭、依赖父母的女孩来说，家庭氛围对她们的影响是巨大的。如果父母不能为自己的女孩营造一种快乐和睦、温馨甜蜜的家庭氛围，就会常常让自己的宝贝女儿受到伤害。

场景一：思嘉是一个非常可爱的小姑娘，学习成绩一直很好。可是近些天来，她常常上课走神，从她那忧郁的眼神中可以看出，她心里非常难过。有一天放学，她突然怯生生地跑到老师面前："老师，我不想回家，这些天，我爸爸妈妈总是吵架……"

场景二：小薇的爸爸妈妈都是高级知识分子。按理说，出生在这样的家庭应该让同学羡慕才对，但小薇却常常羡慕其他的同学。每天晚上，她只能一个人看电视、听歌，因为爸爸妈妈都在忙自己的业务。渐渐地，她已经形成了自闭、羞怯的性格。她心里常常想：什么时候爸爸妈妈才有时间陪我啊?

从上面两个事例，我们可以看出，家庭环境与女孩的性格、情绪、学习成绩、幸福感等方面都有很大的关系。为了女孩的健康成长，父母一定要努力为女儿营造一个理想的家庭氛围。那么，在女孩心目中，最想要的是什么样的家庭氛围呢？一家报刊曾经做过一次调查，总结出以下几点：

1. 相互尊敬——家庭成员之间地位是平等的，每个人都有自己的生活空间，并且受到对方的尊重。

2. 崇尚互爱——每个家庭成员都信任、珍爱对方，最大限度地让这个家变得和睦、友爱、温馨、甜蜜。

3. 喜悦共享——无论是喜悦还是哀伤，每个家庭成员都愿意并且乐意与家人一同分享。让快乐得到升级，忧伤迅速地消失不见。

4. 相互沟通——每天大家都有一定的时间在一起聊天、闲谈。

对于情感需求非常强烈的女孩来说，父母更应该为她们营造一个良好的家庭环境。那么，怎样营造良好的家庭环境呢？

方法一：为女儿营造一个健康型的家庭氛围

小敏的妈妈十分喜欢美容，不仅每天都跑美容院，在家的时间也总是补妆、照镜子。小敏深受妈妈的影响，小小年纪就描眉、搽粉、抹口红，把自己打扮得跟一个小大人一样。

从上面的事例可以看出，小敏的妈妈由于过度专注于美容，对女儿产生了不好的影响。此外，还有一些家庭中存在着一些不良的行为和嗜好，例如赌博、酗酒、参与封建迷信等。这些不良行为会严重污染孩子的心灵，对于早熟的女孩，消极影响更大。作为父母，我们一定要引以为戒，努力提高自己的道德修养，把尊敬长辈、懂礼貌等这些中华民族的传统美德发扬光大。这样，我们才能为女儿营造一个健康的家庭氛围，为女儿的健康成长打下良好的基础。

方法二：为女儿营造一个学习型的家庭氛围

夏青今年 14 岁，爸爸妈妈都在大学任教。等夏青上小学后，爸爸妈妈专门给她开辟了一间书房，让她安心学习，不受其他人打扰。每到周末，爸爸妈妈都会带她去图书城买书，有时候还会参加画展和音乐会。在父母的影响和带动下，小夏青不仅多才多艺，在 12 岁那年还出版了自己的诗集。

为女儿创造学习型家庭氛围主要包括硬件和软件两个方面。硬件，是指为女儿学习上的经济投入，如购买图书、学习资料等（有条件的家庭还可以为女儿专设一个书房）；软件，是指营造浓厚的学习氛围。学习不仅是孩子的事，父母的榜样作用对孩子的影响也非常大。所以，我们父母应该为女儿起到一个良好的带头作用，平时也要常常多看看书、充充电。

方法三：为女儿营造一个和谐型的家庭氛围

对于放学，小叶和小萱的感觉是完全不一样的。小叶心中是欢喜的，因为回到家可以和爸爸妈妈一起聊天、一起游戏，还可以手牵着手到小区的公园里玩耍。小萱却有一种恐惧感，因为她的爸爸妈妈总是吵架。放学后，她会在街头漫无目的地走啊走，希望太阳永远不要沉下去。

育儿专家尹建莉老师说过这样一句话："幸福的家就是五星级宾馆。"确实是这样，在夫妻恩爱、温馨和睦的家庭里，孩子会过得幸福快乐，而且能够得到全方位的教育。而那些夫妻不和、缺少关爱的家庭，常常会产生"问题孩子"。尤其对渴望父母关心爱护的女孩来说，如果她们无法感受到亲情的温暖，她们会用早恋、离家出走等消极的方式进行对抗。所以，我们一定要为女孩营造一个和谐的家庭氛围，让女孩快乐健康地成长。

第 4 招

与女儿多谈心，勤沟通

养育真经

好方法成就好父母。在和女儿沟通交流的过程中，父母应该掌握谈话的技巧，这样才能做到和女儿有效沟通，进而传达积极的信息，引导女儿顺利成长。

外面下了大雪，妈妈对华华说："你上学时多穿件衣服，今天天气太冷了。"华华摇着头说："不，我不喜欢穿羽绒服，那样太笨重了。"妈妈听到女儿犟嘴，有些不高兴地说："你这孩子怎么这么不听话，听我的，把羽绒服穿上！"华华也有些生气了："不穿！就不穿！"背上书包撒腿就跑了。

像华华的妈妈一样，很多父母提到和女儿沟通，都会皱起眉头：

"我家那小丫头太刁蛮了，我说轻了她不听，说重了又会哭哭啼啼闹个不停。"

"沟通对我女儿来说起不了什么作用，她常常是左耳朵进、右耳朵出。"

"昨天我女儿又和我吵架了，我让她饭后再吃薯片，她竟然张口就对我说：'妈妈，你真烦人。'当时把我气得够呛。"

“人们都说青春期的女孩难管，我算是真的领教了。现在我都有些不想管我的女儿了，因为我的话她不仅不听，还会和我对着干。”

女孩是非常脆弱敏感的，和女孩沟通，如果不讲究技巧和方法的话，不仅不能达到沟通的目的，很可能还会伤害到女孩的心。所以，父母一定要掌握和女孩沟通的方法和技巧。

很多父母抱怨无法和女儿进行有效地沟通，还有些父母抱怨自己的女儿不爱说话。其实，和女儿进行沟通是很简单的。在和女儿谈话的时候，要根据不同的情况选择不同的方式，这样，就能做到良好的沟通了。

方法一：多提开放式问题，引导女儿和父母交谈

很多父母抱怨女儿不愿意和自己交流，其实很可能是因为我们没有用对谈话的方式。我们来看这样一个例子：

头天晚上，女儿就告诉爸爸说：“爸爸，我们学校明天要举行运动会。”第二天，女儿从学校回来，爸爸问女儿：“宝贝女儿，今天举行运动会了吗？”女儿说：“举行了。”说完，放下书包就回自己的房间了。

其实，这位爸爸正是没有用对沟通方式，以至于让自己和女儿的沟通一下子冷了场，如果他能用下面的方式，他和女儿的沟通就会进行得非常顺利：

女儿告诉爸爸学校要举行运动会。第二天女儿放学，爸爸放下手头的工作问女儿：“今天举行的运动会精彩吗？”女儿兴高采烈地说：“太精彩了。爸爸你知道吗，我们班还得了全校第二名呢。”爸爸接着说：“看来你很高兴啊。下一届运动会你有没有兴趣参加呢？”女儿说：“当然想了，现在我就练习跳远呢。”

在和女儿谈话时，父母应该多提一些开放性的问题，既可以引起女儿谈话的欲望，还可以锻炼女儿的思维能力。此外，在和女儿谈话时，父母应该全神贯注地倾听，不要心不在焉地应付她，因为这样会让她觉得自己没有受到尊重，从而打消了谈话的兴致。另外，我们还可以用“哦”“嗯”“原来是这样”“太好了”“看来你很高兴”等简单的词句来回应女儿的感受，从而增加女儿谈话的兴趣。

方法二：用提问语气代替指责和说教

为了让女儿做某件事，很多父母常常会无休无止地唠叨女儿，如果女儿仍是不按自己的建议做，便会指责和打骂女儿。其实这样做的效果并不好，它一方面很难让女儿听话，另一方面即使女儿被迫接受了自己的建议，也是口服心不服，会伤害母女（父女）关系。在这种情况下，父母可以用提问的方式代替指责和说教。

妈妈带女儿姗姗去看望姥姥，女儿玩得高兴，时间很晚了仍不想回去。

妈妈：这么晚了你还不想回家，你说下次妈妈还愿意带你来看姥姥吗？

女儿：不愿意。

妈妈：那你说怎么办？

女儿：和妈妈一起回家。

从上面的例子可以看出，妈妈用提问的方式让女儿的思维跟着自己的问题走，并最终让女儿听从了自己的建议，我们不得不佩服这位母亲的高明之处。相反，如果这位母亲一味地采取指责的方式，很可能不会取得这么好的效果。当然，如果女儿拒绝回答自己的问题，父母可以再问一遍，或者对女儿说：“你还没有回答我的提问呢，请你赶快回答。”

方法三：肯定的命令胜过含糊的命令

场景一：女儿拿着茶杯满屋跑，妈妈生气地说：“不要拿着茶杯乱跑，你会把茶杯摔坏的！”女儿一边跑一边说：“没事，我会拿稳的。”

结果女儿刚说完，茶杯就掉在地上摔碎了。

场景二：女儿拿着茶杯满屋跑，妈妈对女儿说："宝贝女儿，把茶杯拿稳一点儿。"女儿怕把茶杯摔坏，马上不乱跑了。

对比以上两个场景，不难发现，虽然同是命令，但是肯定的命令比含糊的命令更能让孩子接受。所以，父母在和女儿沟通的时候，可以试着用一些肯定的语气来命令女儿，而不是用否定的语气来指责她。

方法四：多向女儿传达积极的信息

场景一：女儿把房间弄得乱糟糟的，妈妈生气地对女儿说："你这孩子太淘气了，快把房间收拾一下！"女儿很不情愿地收拾起房间来。

场景二：女儿把房间弄得乱糟糟的，妈妈对女儿说："宝贝女儿，你说咱们的房间要是收拾得整整齐齐会不会很漂亮啊！"女儿想了想说："妈妈，我马上把房间收拾一下。"

前面我们讲过，小女孩是很敏感的，她们非常善于捕捉那些微妙性、细节性的信息。所以，父母多向她们传达一些积极的信息，有助于她们采纳自己的建议。

第 5 招

先表扬后批评，顾及女儿的自尊心

养育真经

批评女孩是一种学问，父母应该掌握正确的方法，既能让女儿改正错误，又让她的自尊心不受到伤害。

和小男孩相比，小女孩更乖巧、听话，也很少会惹父母生气。但是当女儿犯错的时候，父母却普遍遇到一个教育的难题：批评轻了，女儿根本听不进去；批评重了，又怕伤害女儿的自尊心，让她哭哭啼啼地闹个不停。很多父母都没有掌握好批评女孩的方法和技巧，结果不仅没有起到很好的教育效果，还让事情越变越糟。

5 岁的小敏常常是一边写作业一边看电视。每次遇到这种情况，爸爸都会说："先写作业，等写完作业再看电视。"小敏嘴上虽然答应，但是依旧我行我素，完全把爸爸的话当作耳旁风。

有一次，爸爸生气了，把电视关掉后狠狠地批评女儿："你这孩子怎么回事，我都说了好多次了，你怎么就是不听……"爸爸的话还没有说完，小敏咧开嘴就哭了，一边哭一边伤心地抹眼泪。

这一下爸爸慌了神，赶紧把电视机打开："你看吧，爸爸不管你了。"小敏不说话，仍是哭个不停。爸爸掏出 10 元钱，塞到小敏手里：

"乖女儿不要哭，到小卖部买根你最喜欢吃的冰激凌好不好？"这下小敏才止住了哭声。

从那以后，小敏仍是一边写作业一边看电视，而爸爸再也不敢管她了。

这个故事中的爸爸批评女儿的方式是绝对错误的，这个爸爸不仅没有让女儿改正错误，甚至还让女儿产生了一种误解：一边看电视一边写作业不仅是正确的，而且还会得到爸爸的奖励。如果都这样教育孩子的话，就大错特错了。

批评是一种学问和技巧，如果运用不当，不仅达不到教育的效果，甚至还会产生相反的作用。很多时候，小女孩一被批评就哭哭啼啼，是因为她们敏感、自尊心强，在乎自己在父母心目中的地位。其实，我们完全可以根据女孩的这一心理特征，对她们进行正确的教育和批评。

批评是一把双刃剑，用得好了，能够起到积极作用；用得不好，反而会起到消极作用。父母在批评女孩的时候，一定要选对方式，并尽量少批评女儿。当然一些教育者认为父母应该用七分鼓励、三分批评，这是有一定道理的，可以适当借鉴。这样，才能让批评发挥功效，更有利于女儿改正错误、健康成长。

方法一：赏罚一定要分明

我们批评女儿，是为了让她们改正错误，明白一定的道理。但是在很多时候，女儿一哭鼻子，爸爸妈妈就不忍心批评她们了，还会用买食物、买玩具等方法哄她们不要哭。其实这样做是非常错误的，它容易让女儿产生一种误解：自己做的是正确的，要不然爸爸妈妈怎么会"奖励"自己呢？结果那些错误不仅得不到改正，还会被继续扩大。如何避免这种弊端呢？这就需要父母一定要做到赏罚分明，当某种规矩一旦制定，就一定要严格地执行下去，该赏的时候一定要赏，该罚的时候一定要罚，否则以后的规矩也会被女儿打破，从而无法对女儿产生约束力。

方法二：告诉女儿，父母批评她是出于爱

在批评女儿时，父母可以搂着她们的肩膀，或者握着她们的手讲道理给她们听。还可以告诉她们："爸爸妈妈是爱你的，但是不希望你这样做。"或者说："爸爸妈妈这样做是为你好，我们不希望你以后……"这样做，可以打消她们的顾虑，即便说出一些指责的话，她们也能够欣然接受。因为她们明白，父母是出于爱才批评她们的。

方法三：先表扬再批评

6 岁的晓兰非常喜欢吃零食，她常常在吃饭前吃一大堆的薯片、巧克力豆、栗子羹等，结果在吃饭的时候就不想吃饭了。有一次，妈妈对她说："我家晓兰最近表现越来越出色了，如果在吃饭前不再吃零食，那就更好了。"结果晓兰吃零食的次数真的少多了。

晓兰妈妈的这种做法无疑是很明智的。我们可以尝试晓兰妈妈的这种做法，在批评女儿的过程中，可以先表扬她的优点，再委婉地指出她的缺点。这样做，既不会让女儿产生逆反心理，还会让她在心情愉悦的情况下接受批评，然后认真地去改正。

方法四：批评时要顾及女儿的自尊心

涵薇今年上一年级，和小姨特别亲近。有一次，小姨来家里做客，妈妈在厨房里做饭，涵薇就和小姨在卧室里聊天。妈妈到卧室拿东西，听见涵薇对小姨说："小姨，现在我的学习成绩可好了，上次语文考试我还考了 100 分呢。"妈妈意识到涵薇在说谎，因为上次语文考试她只得了 70 分，根本不是 100 分。妈妈没有进屋"揭露"女儿的谎言，而是在小姨走后，给女儿写了一张纸条：希望薇薇能够做一个诚实的小姑娘，因为小姨不喜欢撒谎的孩子。

涵薇看到这个纸条后非常惭愧，每次看到妈妈都欲言又止的样子。妈妈看得出来，涵薇是怕自己把她说谎的事告诉大家，尤其怕小姨也知道这件事。过了些日子，涵薇看到妈妈没有和任何人说起这件事，心中对妈妈充满了感激，并且改掉了说谎的毛病。

女孩的自尊心非常强，所以在批评她们的时候一定要给她们留面子。尤其在人多的情况下，父母最好不要批评她们，因为这样会深深伤害她们的自尊心。如果女儿犯的错误不太严重，父母不用全盘说出来，只要稍稍给点提示即可。这样做，既可以保护女孩的自尊心，还会让她们对父母充满感激，进而努力地去改正自己的错误和不足。

第 6 招

正确表扬，女孩更优秀

养育真经

表扬女孩也有正确与错误之分，正确的表扬会更加激发女孩的上进心，而错误的表扬会让女孩变得自负、虚荣。因此，父母们必须掌握一套正确表扬女儿的方法。

有一次，美国著名心理学家罗森塔尔到某个普通中学考察，一位老师问他："先生，您能帮我挑出班里那些智力超常的学生吗？"

罗森塔尔非常痛快地就答应了下来，然后在学生中间指点起来："你，你，还有你……"那些被点到的学生从此受到老师的关怀以及同学的羡慕，逐渐树立起了自信心，学习成绩逐步提高，成为了班里的佼佼者。

一年后，罗森塔尔再次造访这所学校，问那位老师："那几个孩子的情况怎么样？"老师说："实在是好极了。"接着这个老师又有些疑惑地问心理学家："先生，我感到非常吃惊，在你来之前，那几个孩子只是普通的学生，可经你一点，他们一个个都变了。请问您有什么诀窍判断得如此准确呢？"

罗森塔尔微笑着说："我没有任何诀窍，只是随便点点而已。"

这就是一直被大家称道的“罗森塔尔效应”，它告诉我们一个深刻的道理：对孩子进行肯定的评价，能够帮他们树立起自信心和自豪感，从而取得更快的进步。和男孩相比，女孩更敏感、脆弱，更在意父母的评价，自尊心也更强。父母一句肯定或者鼓励的话，常常让她们高兴老半天，并下决心取得更大的进步；而父母一句否定或者批评的话，常常会打击她们的自信心，甚至产生自暴自弃的想法。

我们来看看下面这个小故事，这是一个大学生的家教日记：

暑假，我找了一份家教，教一个刚上小学一年级的小女孩。

这个小女孩的学习成绩非常差，每次我提问，即使是一些很简单的问题，她也会不假思索地说：“老师，我不会，您再给我讲讲吧。”后来我问她：“这些题目你还没看，怎么就知道自己不会呢？”她有些沮丧地说：“我太笨了。”我有些好奇地问她：“你为什么觉得自己笨呢？这是谁告诉你的？”她低下头说：“爸爸妈妈经常这样说，他们说我反应慢，是个天生的笨蛋。”

我很吃惊，其实我觉得她并不笨，她能背好多儿歌，甚至有一段很长的儿歌，她也能一字不错地背下来。现在我知道她的学习为什么这么差了：是父母说过的偏激的话对她产生了消极的影响，从而让她失去了进取的信心。

在以后的日子里，我把教学重点放在了恢复孩子的自信心上。每次她再说“我不会”的时候，我会鼓励她：“你再想想，老师相信你能把这道题做出来。”当她迟疑着说出一部分答案时，我便表现出非常惊喜的样子：“你真是太聪明了，这道题就应该这样思考。”同时再引导她说出全部的答案。慢慢地，这个小女孩逐渐找回了自信心，敢于思考问题了，也重新爱上了学习。

这两个月里，我带她把所有的课本都温习了两遍，课本里面几乎再也找不出她不会的问题。她的父母对我的教学成绩非常满意，认为我能够把这样一个“笨孩子”教到这个程度真不容易。我告诉他们，并不是他们的女儿笨，而是他们对女儿的一再否定让女儿变笨的。这时候，他们醒悟了过来。

从这个事例，我们可以看出，肯定、鼓励孩子比否定孩子所产生的力量更大，也更能够促进孩子取得进步。所以，我们父母一定要多多肯定和鼓励自己的女儿。和男孩相比，女孩是脆弱敏感的，所以她们需要更多的鼓励和肯定。父母一个鼓励的眼神、一句肯定的话，都是自信的种子。但是，中国父母比较含蓄，一般不愿意表扬自己的孩子，更怕他们以后会变得骄傲。其实这是不对的，我们千万不要吝啬自己的赞美，这对女孩的成长非常重要。当然，过犹不及，表扬女儿也要有一个“度”，如果表扬太多了，也会起到消极的作用。

方法一：不要总是拿女儿和别的孩子进行比较

某家报刊曾经做过一次调查，问孩子们“最不满意父母的做法是什么？”其中有一项便是“老拿我和别的孩子进行比较”。在现实生活中，很多父母出于攀比的心态，总是拿自己的孩子和别人的孩子进行对比，如果自己的孩子占据优势，则心中欢喜；如果自己的孩子被对方比了下去，则闷闷不乐，回家骂孩子不争气。这样的做法很不好，不但会给孩子形成很大的压力，还会伤害到孩子的自尊心。所以，我们不要总是拿女儿和别的孩子进行比较。

方法二：肯定女儿的闪光点

凡蕾的妈妈是某报社的主编，她希望自己的女儿能够成为一个“小小文学家”。有一次，凡蕾写了一篇日记让妈妈看，妈妈看完后对女儿说：“真是太棒了，妈妈在这个年纪可没有你写得好。”女儿受到鼓励后很高兴，更爱读书、写作文了。在以后的日子里，妈妈常常对女儿进行鼓励，并且给她一些很好的建议。在凡蕾14岁的时候，她就出版了自己的第一本小说。

一位教育家曾经说过：你要想让孩子在哪方面做得好，就在哪方面常常鼓励他。这句话非常有道理，我们的肯定和鼓励会变成女儿前进道路上的动力，从而把她的优点逐渐放大。

方法三：在女儿受挫的时候及时给予鼓励和支持

小蕊是班里的学习委员，学习成绩向来数一数二，但是最近一次考试却考得非常糟糕。小蕊难过极了，她从来没有受过这样的打击，好多天都没有从这次考试的失败中走出来。

有一天，爸爸看到女儿愁眉不展地坐在书桌前，拍了拍她的肩膀说："女儿，还在为那次考试难过吗？"

"是啊，我是班里的学习委员，但是却考了全班的倒数几名，真是太丢人了。"

"你不要那样想，每个人都有失败的时候，只要好好总结失败的经验，他就已经是一个成功的人了，"爸爸抚摸着女儿的头说，"爸爸相信你下次一定能够取得好成绩。"

"爸爸，我一定努力学习，把第一名的宝座抢回来。"女儿终于舒展了眉头，充满自信地对爸爸说。

在女孩受挫折的时候，是她最需要鼓励和帮助的时候。在这种情况下，如果父母再对她提出批评，会更加打击她的自信心，让女孩越来越不相信自己。所以，当女儿遭受挫折时，父母应该给予鼓励和支持，帮助她尽快地从失败的阴影中走出来。

第7招

重视与女儿之间的非语言沟通

养育真经

除去语言沟通外，女孩比较喜欢拥抱、抚摸、亲吻等非语言沟通方式。父母如果能够巧妙地利用这些非语言沟通方式，在教育女儿的过程中往往会收到意想不到的教育效果。

美国著名心理学家艾伯特·梅瑞宾曾经提出过一个著名的公式：沟通的总效果＝7%的语言＋38%的声音＋55%的表情。在这里，声音和表情都是非语言沟通的方式。由此可以看出，非语言信息在沟通过程中起着非常大的作用。

对于敏感而感性的小女孩来说，她们非常喜欢这种非语言沟通的方式。她们喜欢爸爸妈妈拥抱自己，喜欢爸爸妈妈拉着自己的小手一起去散步，喜欢在睡觉前得到爸爸妈妈的吻……甚至很多女孩已经长到了成年，仍然喜欢和妈妈拥抱、亲吻。

在教育女孩的过程中，如果父母能够巧妙地运用非语言沟通方式，往往能够收到意想不到的效果。一位妈妈曾经这样谈到了自己的育女经验：

在女儿刚刚学会走路的时候，有一次，她想走到一个斜坡上去。

那个斜坡稍稍有些陡，女儿有些害怕，便回头看着我。我当时没有说话，只是朝女儿微微笑了笑。女儿似乎从我的微笑中得到了鼓励和支持，非常勇敢地朝那个斜坡走去，尽管中途摔了两三次跤，但她没哭也没闹，最终走上了那个斜坡。

从那以后，我认识到了非语言沟通的重要性，并且非常注重和女儿的非语言沟通。在女儿取得一定成绩的时候，我会给她一个会心的微笑，鼓励她再接再厉，取得更大的成绩；而当她遇到挫折的时候，我会拍拍她的肩膀或者给她一个拥抱，让她迅速地从失败的阴影中走出来；在闲暇的时候，我会拉着女儿的手，带她一起去散步、去逛街……现在，我感觉我和女儿的关系更亲密了，在很多时候，我不用说话，只用一个眼神，女儿便能够理解我要表达的意思。

从上面这个事例，我们可以看出，巧妙地运用非语言沟通方式，不仅能够加强和女儿的关系，还能够让女儿从自己这里得到鼓励、支持，从而取得更大的进步。所以，父母应该学会和掌握这种沟通方式，并且应用到日常生活之中。

非语言沟通是一种很好的沟通方式，但是父母和女儿之间要讲究默契，这样才能增进双方的感情。如果父母以前很少用这样的方式和女儿沟通，女儿在开始的时候可能无法领会父母的用意。不过，父母不要灰心，慢慢地就会和女儿形成默契，感情也会变得更好。

方法一：增加和女儿的身体接触

英国著名教育家斯宾塞在他的名著《斯宾塞的快乐教育》中曾经说过：“如果对自己的孩子多一些拥抱、抚摸，有时甚至是亲昵地拍打几下，孩子在对外交往以及智力、情感上都会更健康。我认为，拥抱、抚摸、牵手，也是教育的一部分。”斯宾塞的话非常有道理，尤其适用于小女孩。如果父母在日常生活中常常和女儿拥抱、抚摸、牵手，可以给她们安全感，也可以让她们感受到浓厚的爱意，从而拉近她们和父母的距离。所以，父母应该增加和女儿的身体接触，把自己的爱意传达给她们。

方法二：给女儿留一张充满爱意的便条

小茜的妈妈平时忙于工作，很少有时间和女儿待在一起。但是尽管如此，两个人的关系仍然非常亲密，因为妈妈经常用写便条的方式和女儿交流。每天早上，妈妈会把小茜的中午饭做好然后给女儿写下便条 :“今天中午饭是西红柿炒鸡蛋，放在冰箱了，用电锅热一热再吃。”有什么事情交代，妈妈也会给女儿留下便条 :“明天你有体育课，注意穿上运动鞋。”甚至发现女儿犯了什么错误，妈妈也会给她写便条 :“妈妈希望你做个细心的小姑娘,不要老是丢下东西。”每次看到妈妈的便条，小茜都会有一种幸福感，因为她感受到了妈妈对自己的爱。

用便条和女儿进行交流，也是一种不错的沟通方式，因为这是心与心的交流，远非语言所能表达。因为女孩对文字十分敏感，所以非常喜欢这种方式。所以，父母可以经常用一下这种沟通方式（尤其是当女儿犯错的时候可以用这样的方式和她交流），让女儿感受到父母深深的爱意。

方法二：用默默的爱来感染孩子

美兰那年 15 岁，上初中三年级。由于马上就要参加中考，美兰的学习任务非常重,常常写作业写到十一点钟。每次美兰学习到深夜，妈妈都会给她冲一杯牛奶，并把台灯调亮一些。第二年，美兰以全班第四名的好成绩考入一所重点高中。每当回忆起这段中考经历，美兰都会感动地说 :“是妈妈默默无闻的爱给了我学习的力量，要是没有妈妈的支持和鼓励，我根本不可能考出这样的好成绩。”

大爱无言，越是那种默默的爱，越能打动孩子的心，让她们深深感动。所以，在女儿需要帮助的时候，我们要永远站在她们身边，用默默无闻的行动来鼓励她们，感染她们。

第 8 招

父母要统一教育观念

养育真经

一个在父母影响力均衡的家庭中长大的女孩，她对人际和社会都有着正确而恰当的理解，能够更好地把握生活。因此，父母必须掌握好表扬和批评女儿的方式和程度，让女孩在一个全方位的关爱下勇敢起飞、茁壮成长。

人们常说“母亲是女儿温柔的港湾，父亲是激励女儿前进的长鞭”。于是在家庭生活中，父母们常常是一个唱“红脸”，另一个唱“白脸”，但这样不但达不到教育女孩的目的，还会误导女孩。

6 岁的明珠弹琴时表现出极大的随意性，课堂上老师讲过的正确指法、手型和要求在她的脑子里没有留下丝毫的印迹。每次回到家面对那架黑色钢琴，她就像没在学校学过似的，弹奏出的音符杂乱无章，难以入耳。

明珠的爸爸是一位钢琴爱好者，他希望女儿能够成为像郎朗那样的钢琴演奏家，所以对女儿的要求非常的严格，但是看到女儿糟糕的表现，他非常着急，也非常生气，于是，女儿一回到家他就一遍又一遍地提醒外加亲自示范，可明珠明显摆出了一副不合作的态度，不是在琴凳上扭来扭去，就是一会儿喝水、一会儿上厕所，没过两分钟又嚷嚷手指头酸疼、很累要歇会儿。此时，爸爸内心的怒气终于冲破了忍耐的底线，“啪”的一巴掌挥了过去，明珠的手背顿时就红了。

刚下班回来的妈妈正巧看到这一幕，马上冲到女儿的面前护住哇哇大哭的女儿，愤怒地朝明珠的爸爸吼道：“你怎么打孩子，她还这么小！你不会好好说话吗？！”

“这孩子没定性，都是你宠坏的！”爸爸顿时把怒气转嫁到妈妈身上。

“女儿这么小就该宠着她、哄着她，哪有你这样狠心的爸爸，你看孩子的手背都肿成这样了，你下手太重了！走，宝贝，妈妈带你去楼下诊所看一下。”妈妈心疼地搂着女儿。

从那之后，明珠就不太爱跟爸爸待在一起，有时她一见到父亲还会紧张，总是喜欢黏着自己的妈妈。

上面事例中明珠的爸爸妈妈就是家庭教育中典型的“白脸”角色和“红脸”角色，一个对女儿武力惩罚，一个对女儿一味宠爱。

不过，无论父母双方谁扮演“红脸”，谁扮演“白脸”，其结果都是女儿会与其中一方的关系变得比较紧张、冷淡，而对另一方又会过度依赖，这必定会造成女孩母爱和父爱的失衡，让女孩无法真正健康、快乐地成长。

因此，面对内心脆弱的女儿，父母应该强化孩子好的一面，并对她的错误给予必要的指点，但绝不是斥责或武力惩罚，而是要让女儿看到自己的潜力，提升自信。比如就像事例中的明珠父母，他们面对女儿没定性的练琴时，完全可以采用表扬式的批评方法，去发现女儿的点滴长处，先褒后批：“乖女儿，你的右手手型比左手的漂亮，右手三指比二指好看，这一遍强弱感觉掌握得不错”，接着再提要求："你的左手能不能也像右手那样漂亮，二指可以往下弯曲一些，速度再快一点。来，我们来试一试，我想明珠一定没问题！"

父母的一点肯定都会成为女孩前进的动力，而且在比较中和细节处的夸奖，会让女孩意识到差距，会更加努力改正，但假如父母采取错误、粗暴的方式对待女孩，只会让孩子接下来犯更多的错误。

方法一：双方意见应该求同存异

小美上初中了，却非常不喜欢学习。为此，小美的母亲决定为她请一个家教，而小美的父亲觉得请家教没有用，应该控制住孩子玩电脑的时间，周六周日送她去补习班。就这样，双方意见发生了分歧，你一言我一语地吵了起来。本来是针对孩子的学习问题而争执，后来吵架的内容却涉及他们在生活中的矛盾。

眼看一场"家庭大战"就要爆发，小美的奶奶站出来解决了这一切。老人家严厉地说："你们的出发点很好，都是为了孩子的学习成绩，可是你们为什么要说到别的事上去呢？即使你们的方法有道理，可你们征求过孩子的意见吗？"

经小美奶奶这么一说，小美的父母低下了头。在奶奶的带领下，全家人坐在了一起，商讨提高小美学习成绩的办法，最后他们做出了一个共同的决定——从根本上激发孩子的学习兴趣，父母们还为此做了明确的分工。

此后，再遇到此类问题，小美的父母也总是效仿这件事解决，再没有"面红脖子粗"的现象发生。最令他们欣慰的是，小美很喜欢他们统一后的意见，可见家人们的交流没有白费。

在每一个家庭中，由于生活背景、受教育程度等方面的不同，夫妻双方在对待很多问题上都会出现分歧，这是非常正常的事。但是需要注意的是，在意见不统一时不要单纯地固执己见、否定另一方，也不要以孩子为筹码，去恶性攻击对方，说些伤害性、抱怨性的话。

那样，不仅会破坏良好的夫妻关系，还会使本来好的初衷变成坏的结果。

正确的做法是抱着商讨、解决的态度，站在孩子的位置思考。父母也可以找第三方来评判，求同存异，找出解决问题的方法。若夫妻间最后依旧无法达成一致，可以在闲暇时参加一些教育讲座，或参考教育书籍，或向教育专家请教，最后共同改变教子观念，达成共识。

方法二：父母应背着孩子协调矛盾

教育要一致不是说不能有矛盾，只是有了矛盾要背着孩子协调，切不可把矛盾暴露在孩子的面前。一位女孩的母亲是这样解决这个问题的：

为了让女儿能拥有一技之长，我准备利用周六日时，教她学习舞蹈。可是女儿的爸爸知道我这个想法后，反驳我说："学舞蹈有什么用呢？能跳一辈子吗？不如参加一个外语班。"我们由此争执了起来，声音越来越大，吵醒了正在睡觉的女儿。她眯着睡眼走进我们的房间问："爸爸妈妈，你们在干什么呀？"

我率先冷静了下来，说："可能我有什么不对的地方，我向你道歉。"孩子父亲一看我这个样子，又看看孩子，态度也来了个180度大转变，说："可能我也有错。这样吧，这个问题我们先放一放！"就这样，我们暂时把问题搁置在一边，等到女儿睡着时，我们又开始了讨论，与上一次不同的是，这次我们的态度非常平和。

夫妻之间更应该积极主动配合，努力在孩子心中树立对方的威信。最好的办法是，在意见不统一的情况下，先无条件地听其中一方的，或将问题暂时保留，千万不要当着孩子的面去争个高下。之后，父母再另找时间就此意见好好商量，得出一个统一的结论，再按这个商量的结果去执行。

方法三：父母对女孩要赏罚分明

有时父母面对柔弱、娇小的女儿，总容易变得心软，只要女儿一落泪，父母原先的一切怒气或制定的规则都成为风中的泡影，化为乌有。所以，生活中我们时常会听到父母无奈地说："只要女儿一哭，我就不知道怎么办了……"父母是真的没有办法吗？当然不是，要想约束女儿，父母首先就要学会赏罚分明。

8岁的女儿因为做错事而被爸爸狠狠地骂了一顿，但小女孩的自尊心很强，跑回房间里大声痛哭了起来。爸爸一看最疼爱的女儿这么伤心，马上慌了起来，急急忙忙给女儿买了一个小礼物，然后又是讨好又是哄女儿开心的，还对女儿说："爸爸原谅你！"这时，在一旁的妈妈说："你为什么批评她？如果她一哭就能得到别人的原谅，而且还有礼物，那么你的批评有什么意义？那奖赏又代表什么？"

试想一下，如果父母都像这位爸爸一样，对待孩子赏罚不明，那么就会误导孩子对自己行为的认知，她不知道自己错在哪儿，也不知道自己对在哪儿，不知道为什么会有礼物，只知道只要自己一哭，不但批评没有了，父母还会急忙哄着她、迁就她，甚至还会得到一份奖赏。

因此，爸爸妈妈们要明白，批评和表扬都不是教育的目的，而仅仅是一种方式，是为了让女孩认识到自己的长处和不足，希望她能改正错误，并得出经验教训，变得自立、自信、坚强起来。

第二章

好相貌不如好气质

打造活泼大方的气质女孩

有人说：“美丽的相貌和优雅的风度是一封长效的推荐信。”但对于大多数相貌平凡的女孩来说，优雅的风度、迷人的气质完全可以弥补甚至超越自身相貌的不足。气质之美并不是女孩天生就具有的，它完全可以通过后天的培养和训练，将潜藏在女孩身体内的气质展现出来，并且以此让女孩变得更有魅力和吸引力。

第 9 招

沉鱼落雁不光凭容貌，更凭气质

养育真经

美丽的外貌只能为女孩暂时赢得别人的注目，而与众不同的气质则是一个女孩长久的财富。因为气质不但会给女孩的外貌加分，而且会让女孩更加富有内涵、优雅迷人，让女孩在人群中备受瞩目。

有一个女孩曾写下这样一篇文章：

从小我似乎就没有什么好朋友，因为我觉得自己长得丑，大家好像都看不起我。上学后，在来来往往的人群中，我总是一个人，像孤单的丑小鸭没有朋友。我非常自卑，因为对于自己的容貌非常不看好，所以我十分讨厌镜子，讨厌一切能映出我容貌的东西。

可是，有一天，我坐公交车去市里的图书馆查资料，就在车子快到图书馆时，我看到一个穿白色上衣的女孩走了上来，一看到她的脸我的心就禁不住痛苦地抽动了一下，因为那就像一张戴着丑陋面具的脸——她的脸有被严重烧伤的痕迹。

我赶紧低下了头，我甚至不敢看第二眼，但天生的好奇心让我再次抬起了脸，此刻，我被深深震撼了。

那个女孩的脸上自始至终都挂着甜美的微笑，没有任何自卑和忧愁，面对满车人，她丝毫没有躲闪，而是大大方方地和她的母亲说着话，偶尔她还会娇羞地向母亲撒娇。我的心突然充满了许久不曾有过的激动，从前我总选择低头逃避，恨不得整日把自己关在屋子里，从来不敢抬头挺胸地走路。我自卑，我害怕，我怯懦。我以为只有那些长得好看的女孩，才能撒娇、甜笑。我不由地对那个女孩心生敬佩。

那对母女下车后，我冲动地做了一个决定，也跟着下了车，并且有些莽撞地走到那对母女面前，有些怯弱地说："我——我总是因为自己的容貌而自卑，今天是您女儿的笑容深深感染了我……"

那位母亲似乎一下明白了我的意思，她微笑着对我说："你长得很可爱，很清纯，难道你都没有照镜子发现自己的美吗？"听完这句话我呆住了，从来没人这样对我说过，就连我的父母都觉得我丑。

那位母亲又接着说："我女儿虽然不美，但她永远充满自信和阳光，人何必为外貌而自卑呢？你也一样，有什么可自卑的呢？"是的，一个人只要自信、有气质，就算眼睛失去了光明，就算脸上没有一块完好的皮肤，也是美的！

孟德斯鸠曾经说过："一个女人只有通过一种方式才能是美丽的，但是她可以通过千万种方式使自己变得更可爱。"没错，上述事例中的女孩一开始认为女性的美就是容貌的美，所以当她看到一个被破坏了容貌的女孩依然那么美的时候，她震撼了。这两个女孩对待容貌的不同态度，其实是和她们各自的家庭教育分不开的。

如果父母一直传达给女儿的信息是"容貌美才是真正的美"，那么你的女孩就会非常在意外在的美，在意自己眼睛够不够大，身材够不够苗条，衣服够不够漂亮。其实，富养女孩的根本内涵之一就是富养女孩的气质，因为对于女孩来说，真正的美在于自身散发出来的气质，例如自信、乐观、豁达、落落大方……

那么，父母具体怎样做，才能让女孩真正意识到女孩的美并不仅是容貌，更重要的是气质呢？

方法一：转变女孩的认知，让她正确看待外在美

有一个母亲的教育经验是这样的：

一天，我带着女儿去公园玩。这个小家伙平时很害羞，总是不爱出门。我也一直以为女儿是因为内向所以不出门，但是当我到了公园，让女儿和其他小朋友一起玩游戏时，女儿紧紧拉着我的手不松开。虽然她眼里很渴望和大家一起玩耍，但她却不敢走向前去。我一直鼓励女儿不要害怕，小朋友们都很友好地邀请她，可女儿却拉着我走到一边说："妈妈，我不想现在和他们玩？"我有些疑惑地问："为什么啊？"女儿低着头说："我的衣服不好看，我新剪的头发也不好看，大家一定会笑话我的！"此时，我才惊觉，原来女儿一直以来的"不敢见人"是因为对自己的外在没有自信。我想了一下说："你今天这样打扮，非常有朝气啊，而且你笑起来的样子，很可爱！小朋友们一定都很喜欢你的！"从那之后，我一直在向女儿传达一个意识：女孩子最美的不是外表，最美的是她的笑容、自信和性格，渐渐地女儿变得敢于展示自己，有了不同以往的自信。

作为父母，我们确实应当转变女孩的认识，使她能够以积极的态度看待自己的外表，让她对自己的外表有自信，同时又能够展现自己的气质。

例如父母在对女儿外貌进行评价时，可更多地使用带有感情色彩的评语，例如："你今天非常精神，看起来非常惹人喜爱！""你穿粉色的裙子，显得很可爱！"在这样的语境下，女孩会逐渐理解气质的重要性，而不是再把重点放在外貌上。

方法二：父母要给女孩做好言行上的好榜样

“你长得真好看，眼睛真大！”“那个女孩鼻子真难看！”……正是因为女孩经常听到这类的话语，所以她们才会那么介意自己的外貌，才会一直认为只要外表美就能为她赢得好感。因此，作为女孩父母，我们必须在自己的言行上注意下面这些问题：

一定不要对别的女性的相貌太苛刻。如果作为成人的我们只认为女人有绝美的外貌才是沉鱼落雁的姿容，那么女孩就会受影响。我们在谈论一个女性很漂亮时，最好侧重对她的其他方面进行评判，而不是把重点放在她的外貌上。

父母应当在自己女儿小的时候，就多称赞和肯定孩子的天赋和成就，增加孩子的自信感，让她明白能力、气质、良好的性格比有魅力的外貌更有价值。

不要对女孩的相貌进行过分的批评或者给予过多的赞美。因为打击女儿的容貌，会让她变得越来越自卑，过多的赞美则会让女孩变得虚荣和自负。

方法三：让女孩不要过分在意别人的评价

团团今年刚上初一，她长得很漂亮，大大的眼睛，高挑的身材，一头乌黑的长发。但是因为家里条件不好，她的衣服都不时髦，还有些很土气。刚开始，团团并没有什么特别的感觉。但有一次上完课，几个女同学在一起聊天开玩笑说：“团团，你怎么整天穿一些不好看的衣服！要不周末我们去买衣服吧，你别整天穿得跟灰姑娘似的！”同学们几句玩笑话，就像一根刺一样扎进团团的心里，她觉得自己再走在路上，别人看自己的眼光似乎都不一样了。她觉得别人可能在嘲笑或者谈论她的衣着。

团团一回到家，就把外面的衣服脱下来，然后有些委屈和恼怒地让妈妈给她买新衣服。妈妈觉得团团在无理取闹，就训斥了她一顿，没想到她竟然哭着跑到奶奶家去了。最后，妈妈无奈之下给女儿买了新衣服，但团团嫌不时尚，自己又要了钱去买了一件。

有些女孩子非常在意别人对自己外貌、衣着的评价，这潜藏的就是女性的虚荣心。因此，作为父母，我们必须传达给女儿这样的信息：别人称赞你的衣着、容貌无论是真心还是假意，都不要太在乎，因为女性真正的美的资本是气质，是一个女孩所表现出的良好教养和自信、乐观的人生态度。

第 10 招

塑造女孩气质，从文明礼仪开始

养育真经

一个人是否懂礼貌，不仅代表着他本人的素质，也体现着他从小受到的家教熏陶。在生活中，那些讲文明、懂礼貌的人往往会受到大家的欢迎和尊敬，也容易建立较好的人际关系。所以，父母应该培养女儿从小讲文明、懂礼貌，让女儿成为一个受人尊敬、受人欢迎的人。

讲文明、懂礼貌是为人处世的起点。中国大教育家孔子曾经说过："不学礼，无以立。"英国著名教育家斯宾塞也曾经说过："礼仪修养是一个人全部品德的基础。"由此可见，无论是在东方还是在西方，都把文明礼貌看得非常重要。

一个人是否懂礼貌，不仅代表着他本人的素质，也体现着他从小受到的家教层次。在生活中，那些讲文明、懂礼貌的人往往容易受到大家的欢迎和尊敬，也容易建立较好的人际关系；而那些不讲文明礼貌的人，则不会有较好的人缘，有时甚至会被大家嫌恶和讨厌。

我们来看看下面这位母亲写的日记：

上周末，我 7 岁的女儿邀请几个小朋友到家里一起写作业。我为她们准备了一些水果。当我把果盘摆上来时,很多孩子抓起来就吃,只有一个叫欣妍的小女孩非常礼貌地对我说:“谢谢阿姨。”写完作业后,大家忙着整理课本、收拾书包,只有欣妍留到了最后,把自己坐的桌椅摆整齐,并且把弄乱的东西放还到原处。这些细小行为深深打动了我。我想她的父母一定是懂礼仪的人,要不然教不出这样优秀的孩子,这个孩子将来一定会有出息!

从这个事例可以看出,讲文明、懂礼貌的孩子更容易受到认可和欢迎。但是很多孩子由于从小受到父母的娇惯,做任何事都以自我为中心,常常做出一些失礼的行为,这其中不乏一些女孩。

场景一:过完新年,9岁的静香和8岁的表妹玉珍去给姥姥拜年。姥姥早给两个外孙女准备好了礼物:一个毛毛熊玩具和一个电子手表。谁知两个女孩不仅没有向姥姥道谢,还因为争抢礼物打闹起来。她们两个人都想要电子手表,谁也不肯让谁,最后还打在了一起。姥姥无可奈何地说:“孔融4岁就知道让梨了,你们这么大了,怎么不知道谦让啊?”

场景二:公交车到站,一位老爷爷和9岁的孙女上了车。这位老爷爷年纪已经很大,还为孙女背着沉重的书包。一个小伙子见了,赶紧站起来让座。谁知小伙子刚站起来,那个小孙女就坐到座位上。小伙子不满地说:“我是把座位让给你爷爷的。”那个女孩说:“你把座位让给爷爷,爷爷一定会把座位让给我的。”小女孩的爷爷也附和着说:“让她坐吧,我不坐了。”小伙子很无奈,小声说:“不应该这样教育孩子。”

对于女孩来说,懂文明礼貌是非常重要的。父母应该教她们使用文明用语,给她们树立良好的榜样。这样,我们的女儿才能成为一个有礼貌、受欢迎的人。

方法一：父母自身要懂基本礼仪

父母是孩子的第一任老师，也是孩子学习的榜样。在前面我们讲过，身教大于言传，榜样的力量是无穷的。如果父母平时不注重自己的礼仪修养，在公共场合大吵大闹，在街上随地吐痰，抑或张口就吐脏字，这些坏习惯都会传染给自己的孩子。所以，父母在平时一定要注意自己的礼仪修养，给孩子树立一个好榜样。此外，值得一提的是，父母应该摆正教育观念。现在有很多家庭都是独生子女，父母对孩子比较娇惯。有的父母怕孩子吃亏，事事都纵容孩子，这就很容易让孩子形成以自我为中心的倾向，从而常常做出失礼的行为。我们应该明确这样一个教育观：我们要培养的是讲文明、懂礼貌的人，而不是骄纵、任性的“小公主”。

方法二：教女儿使用文明用语

一位优秀的妈妈曾经这样谈到自己的育女经验：

在女儿两岁的时候，我就开始教育她使用“请”“谢谢”等文明用语。我教育她的方法非常简单，就是把这些文明用语用到女儿身上。例如我让女儿帮我递一件东西，我会对她说：“嘉嘉，请把衣服递给妈妈。”等女儿把衣服递给我后，我会说：“谢谢嘉嘉。”慢慢地，女儿也学会使用这些词语了。在以前，女儿总是用命令的语气和我说话：“妈妈，把苹果递给我，快一点儿。”后来，她会这样和我说：“妈妈，请把苹果递给我。”当我把苹果递给她后，她还会说一声“谢谢妈妈”。

儿童心理学家研究表明，在孩子一两岁的时候，就可以有意识地教他们使用“再见”“对不起”“谢谢”“早上好”等文明用语。通过反复的强化练习，孩子会慢慢形成习惯，从而成为一个讲文明、懂礼貌的人。另外，在教育孩子使用文明用语的时候，我们不应该使用说教、批评的方式，这样的效果并不好，甚至可能会引起孩子的反感。

小姨给梦洁买了一个毛绒玩具，梦洁非常高兴，伸手就要去拿。妈妈拨开她的手，生气地说："我怎么教你的？接受别人的礼物应该怎么说？"梦洁非常不情愿地说："谢谢小姨。"

用这样的方式让女儿说出"谢谢"，女儿肯定不是发自内心的，下次一定还会忘记。在这种情况下，妈妈可以对小姨说："谢谢你送给梦洁这么可爱的玩具。"女孩是非常敏感的，当她听到妈妈说出"谢谢"两个字时，马上会意识到自己没有感谢小姨。此外，妈妈还可以在事后引导女儿："小姨送给你这样可爱的玩具，你是不是应该给小姨打个电话谢谢她呢？小姨接到你的电话后一定会非常高兴。"通过妈妈的引导，女儿会发自内心地感谢小姨，并且养成使用文明用语的好习惯。

方法三：理解女儿的偶尔失礼

场景一：3岁的凌薇坐在床上，让妈妈把牛奶递给她。妈妈正在收拾餐具，没有时间，凌薇用小手指着妈妈说："大坏蛋！"

场景二：3岁的涵涵让妈妈给自己买一个玩具。妈妈没有答应她。涵涵就用小手打了妈妈几下说："妈妈不给我买玩具，妈妈坏。"

在孩子的两个逆反期（第一个逆反期在3~4岁，第二个逆反期在青春期），他们会对"大笨蛋""大坏蛋"这类词感兴趣。此外，孩子有时因为一时疏忽，或者为了发泄情绪，也可能会做出一些失礼的行为。这时，父母不要马上就指责、批评孩子，这样做不仅不能从根本上解决问题，还容易激发孩子的逆反心理。出现这种情况的时候，父母应该平静但坚决地对孩子说："咱们家不应该有不讲礼貌的孩子。"然后再表达自己的要求："你如果想要妈妈帮助，应该用礼貌的方式和妈妈说话。"这样，孩子便会逐渐改掉失礼的行为。

第 11 招

培养女儿温文尔雅的举止和谈吐

养育真经

谈吐优雅、举止得体，不仅会增加女孩自身的美丽，还会赋予女孩高贵的气质，让她们获得更多的赞赏和尊敬。所以，父母应该在言谈举止方面对女孩进行引导，把她们培养成为新时代的小淑女。

很多父母都希望自己的女儿能够成为一个谈吐优雅、举止得体的小淑女。谈吐优雅、举止得体，不仅能够增加女孩自身的美丽，还赋予了女孩高贵的气质，让她们获得更多的赞赏和尊敬。

曾经，随着韩国电影《我的野蛮女友》的热播，在全国女孩中掀起一股“野蛮风”。在我们的身边，经常会看到一些女孩有失文雅的现象。例如有些女孩谈吐粗俗、脾气暴躁，更有甚者还会像男孩子一样打架斗殴。这的确是很让人头疼的事情，相信很多父母曾为此而烦恼！

有一位妈妈就这样抱怨说：

我女儿今年 7 岁，是一个大大咧咧的女孩。别人家的小姑娘说话都是细声细气的，但是我女儿却是个“皮猴子”，不仅大声大气地说话、唱歌，有时候还和小男孩去摔跤、爬树，没有一点儿女孩的样子。现在我非常着急，女儿要是一直这样发展下去，将来怎么办才好呢？

尽管时代在变，但是人们对女孩的审美准则并没完全改变，那些谈吐优雅、举止得体的女孩仍会受到大家的青睐。所以，为了让我们的女儿拥有更好的气质，我们一定要在言谈举止方面给予正确的引导，让她们成为新时代的小淑女。

要让女儿做到举止优雅，成为新时代的小淑女，就要告诉她淑女的标准，引导女儿去执行。在举止方面，妈妈对女儿的影响非常大，所以妈妈应该为女儿树立一个良好的榜样。

方法一：妈妈要做女孩学习优雅的好榜样

天瑜的妈妈是一家建筑公司的项目经理。由于工作的关系，她非常豪爽，说话粗声粗气，有时候还大声地批评下属。在妈妈的影响下，天瑜也变得不拘小节，大喊大叫地唱歌，把玩具弄得缺胳膊少腿，有时候还带着小伙伴去和其他的小孩打架，俨然成了“孩子头”。

在气质塑造上，妈妈对女儿的影响是十分大的。女儿常常把妈妈当作自己的模仿对象，如果妈妈不注意自己的言谈举止，那么女儿也会变得“不拘小节”，并最终演变成一种常态。所以，要想把女儿培养成谈吐优雅、举止有仪的小淑女，妈妈首先要做一个优雅女人。

方法二：告诉女孩如何做一个淑女

很多父母都希望自己的女儿能够成为一个人见人爱的小淑女。在生活中，当女儿一些言谈举止不符合淑女的标准时，父母常常提示甚至批评她们：

“不要这样大声说话！”

“不要挖鼻孔，文明一点儿！”

“淑女一点儿好不好！”

…………

这样严厉的批评呵斥不一定会取得良好效果，一方面，我们用批评、说教的方式去引导女儿，会引起她们的反感；另一方面，我们没有告诉她们怎样的言谈举止才符合淑女的标准，女儿没有规则可依。所以，我们应该明确地给出她们一个做淑女的标准：

1. 行为举止方面。站立的时候要身体直立、挺胸收腹，不要耸肩、塌腰，不要表现得无精打采、萎靡不振；行走的时候要不急不缓，不要表现出慌乱、着急的样子；坐着的时候要挺直上身，不要半坐半躺，更不要抖腿、晃脚。另外，在待人接物的时候要从容大方，不要慌慌张张。

2. 神情方面。与人交往时，要面带微笑，表现出对他人的尊重和理解。另外，在公共场合不要做出剔牙、挖鼻孔、掏耳朵等不雅动作。

3. 谈吐方面。和人说话时不要粗声粗气，说话语气要温柔和缓，给人一种如沐春风的感觉，交谈时要多用“请”“谢谢”等文明用语。

总而言之，在培养女儿的言谈举止方面，我们不要用教训、批评的方式，而要把淑女的标准告诉她们，在生活中反复实践。例如在吃饭前，妈妈可以对女儿说：“小淑女在吃饭的时候总是不急不忙，我看一下我宝贝女儿是不是一个小淑女呢？”有了妈妈的提醒，女儿一定会认真去做。通过父母的引导和反复练习，女儿肯定会把优雅的举止和谈吐养成一种习惯，成为一个人见人爱的小淑女。

方法三：帮助女儿选择偶像

一位优秀的妈妈曾经这样谈到自己的育女经验：

我和 11 岁的女儿都非常喜欢看中央电视台的《朗读者》这个节目。不过不同的是，女儿喜欢它是因为它能够给她带来收获，而我喜欢它是因为我非常欣赏这个节目的主持人。我感觉董卿无论在言谈上还是在行为举止上，都是一个非常优雅的女人。同时我希望女儿也能够成为一个谈吐优雅、举止得体的女孩。

后来每次看节目的时候，我都会故意对女儿说："董卿真是太出色了，要是我女儿也有这样的言谈举止就好了。"由于我不断地在她耳边"唠叨"，女儿也喜欢上了董卿，并且把她当成了模仿对象。

现在的孩子们都热衷于追星，这在小女孩身上尤为严重。如果让女儿盲目地去崇拜那些明星大腕，会对她们的学业、价值观、审美观造成一定的影响。在这种情况下，父母不妨顺应女儿追星的心理，找一个言谈举止优雅、事业成功的女性让女儿去喜欢、去模仿。这样，女儿不仅可以找到自己崇拜的人，还会学习她身上的气质和优点，将自己打造成为一个优雅的小淑女。

第 12 招

培养女孩镇定自若的气质

养育真经

遇事沉着冷静、不慌张，会让女孩更加淡定、从容，能够在遇到紧急情况时化险为夷。所以，父母们一定要注意培养女孩镇定自若的气质，以便让她们能够冷静地处理突发状况。

俄罗斯一家报刊曾报道过这样一则新闻：

一架正在降落的飞机在开始接触地面时，突然滑出了跑道。飞机上的乘客和乘务人员根本没有任何心理准备，因为飞机在降落时有强烈的震动是正常的事情，但这架飞机的机头突然又撞向了地面，并且立即有烧焦的气味弥漫了机舱。惊慌失措的乘客们开始大声呼喊着："请打开门，打开门！"

烟雾越来越浓，情况万分危急，有些乘客甚至已经陷入昏迷，机舱内的能见度几乎为零，如果再不想办法出去，那么整个飞机上的人都会失去生命，于是乘客开始骚乱、哭喊，仿佛世界末日。就在这种混乱不堪的情况下，一名空姐费力地挪开乘客散落在舱内的包裹和个人用品，然后在黑暗中摸索到机翼上面的舱门杠，打开了舱门，于是位于飞机中间座舱内的几十名乘客跟着她跑出了飞机得以生还。

空难发生后的一天里，那些幸存的乘客一个接一个来到医院去见那位拯救了他们生命的空姐。他们都说，如果当时没有那位空姐的镇定自若，那么死亡就会降临在他们身上。

由此可见，如果一个女孩无论何时都能做到镇定自若，那么她不但可以彰显自己的魅力和气质，还可能改变原本的逆境。

那么何谓镇定自若呢？镇定自若就是要人们做到临危不惧、处变不惊、泰然处之，危急中便可能化险为夷。例如在顺境中，我们要教导女孩不要盛气凌人、狂妄自大；在逆境中，我们要教导女孩不要垂头丧气、沮丧不安；在舒适安逸的环境中，我们要教导女孩不要盲目攀比、奢侈放纵；在危难时刻，我们要教导女孩不要惊慌失措、恐惧不安。倘若女孩无论何时都能保持镇定自若，那么她一定会成为一个优雅的女子，更会因此受到众人的尊敬和欣赏。

养育女孩，父母就要在女儿的气质方面多下功夫培养，尤其是镇定自若的气质，因为这会让女孩在人际交往中更具有特色。一般来说，培养小女孩镇定自若的气质，就要去除她的害羞、怯懦，让她变得落落大方起来。当然，除此之外，父母还可以尝试以下几种教育方法：

方法一：父母要以身作则训练女孩镇定自若的气质

9岁的小女孩冰冰是父母的骄傲，她聪明、可爱，学习成绩优异，但就是性子有些急。例如有一天她中午放学回来之后，发现妈妈还没有做好饭，就非常生气地说："今天怎么这么慢，我一会儿上学就要迟到了！"妈妈知道女儿性子急，心里也很生气，但是她没有呵斥女儿，而是有些夸张地深吸一口气，冷静下来跟女儿说："妈妈哪天因为做迟了午饭让你迟到过？今天是因为奶奶病了，妈妈去照顾她一上午，所以才没有做这么早。"其实，冰冰在看到妈妈深呼吸之前就有些担心妈妈会骂她一顿，但是妈妈深呼吸之后，似乎心情平静下来，然后很冷静地告诉她理由。此刻，她觉得自己有些任性无礼，脸上也觉得火辣辣的。她决定以后向妈妈学习，遇到急事先学会一个深呼吸，让自己平静下来。

小女孩最善于模仿自己的父母，无论是父母的习惯、为人处世态度，还是父母的一言一行，她们都喜欢依葫芦画瓢。因此，女孩父母在日常生活中要学会以身作则，做一个遇事镇定自若的人，多教导女儿，让她也变得镇定自若起来。

方法二：培养女孩坚强的性格

有一位母亲的教育经验是这样的：

我一直认为女孩子不能太软弱，要坚强和勇敢，这样才能在遇到危险状况时找到解决的办法。所以，从女儿很小的时候开始，我就和家人达成协议，决不娇惯和溺爱女儿，而是通过各种方式培养她勇敢、坚强的精神。

比如有一次，我带着女儿去爬一座小山，由于山路高低不平，还有很多小石头，女儿有时就会不小心摔一跤。刚开始，女儿会趴在地上眼泪汪汪地看着我，但是我鼓励她自己站起来，如果她耍赖不听，我就会选择漠视，坚持我的原则。于是，小丫头艰难地自己爬起来，后来她再摔倒，都会想办法自己爬起来，而不是想着求助别人。

久而久之，我发现女儿比同龄的女孩子更能吃苦更坚强，遇事不急躁。即使在紧急状况下，她也能让自己冷静思考，做出准确判断。

由此可见培养女孩镇定自若的气质，最不可缺少的就是女孩的坚强精神。因为坚强的女孩遇事不慌不忙，在逆境中敢于坚持努力，不怕困难和挫折，也才能真正做到镇定自若，并在人际交往中展现出令人着迷的气质。

方法三：让女孩在生活中多历练

日本著名的教育家涛川荣太曾说："我们应该教育孩子，要有勇气去积极而冷静地面对挫折。一个人如果能够认识到只有在挫折与困苦当中才能得到锻炼，那么他会非常坚强，即使摔倒了，也不是随随便便爬起来就算了。有这种生活态度的孩子是永远不会自我崩溃的。"没错，养育女孩，我们决不能把孩子放在蜜罐里泡着，这样会腐蚀她的意志和能力，而是应该多让她在生活中历练，让她走出温室去迎接风雨的吹打，这样她自然能够拥有镇定自若的气质。

所以，作为父母，我们要多给女儿一些空间和自由，放开手，让女儿学着自己创造生活。

第13招

不要埋没女儿活泼的天性

养育真经

活泼可爱本来就是女孩的天性，有些女孩在后天的成长中越来越孤僻内向，很大一部分原因是和女孩所接受的家庭教育分不开的。如果父母能够很好地培养和激发女孩活泼的天性，那么女孩一定会活得更快乐、更轻松。

有一位母亲的教育经验是这样的：

我的女儿小樱今年3岁半，非常活泼好动。有一次，我带她去公园玩，谁知一个不注意，这个小家伙竟然不见了。正当我焦急地找寻女儿时，突然发现她趴在不远处的草地上，专注地玩着什么。

此时，我悬着的一颗心落了下来，然后我悄悄地走到女儿的背后，发现小丫头正全神贯注地逗弄一只蚂蚁，并且仔细观察蚂蚁的每个动作。“小樱，你在干什么？”我问。“妈妈，我正玩小蚂蚁。”女儿连头也没回。

回到家之后，我给女儿买了一个会拍翅膀、会鸣叫的玩具小鸟。小丫头对我送给她的礼物爱不释手，专心致志地观察小鸟的各种动作。可是第二天，女儿就把玩具小鸟拆得七零八落。我问女儿：“你怎么把玩具给拆开了？”女儿怯生生地说：“我只是想看看它肚子里有什么，为啥会拍翅膀、会叫。”我很开心女儿有这种好奇心，接下来便鼓励女儿继续探索其中的秘密，并且和她一起观察起玩具小鸟的内部结构来。

像小樱这样活泼好动的女孩子，大多具有丰富的想象力、敏锐的观察力和思考力，而这些都是一个女孩成功的关键。其实，女孩子就应该活泼开朗、天真烂漫一些，这样不仅有助于培养女孩的乐观精神，而且让她更富有别样的女性魅力。

作为父母，我们不应该埋没女儿活泼的天分，相反，应该鼓励和引导她们，让她们变得活泼开朗。这样，女儿不但性格变得乐观、阳光，也会因此增长很多见识。

那么，女孩父母应该采取哪些方法来保护和引导女儿的活泼天性呢？

方法一：不要侵犯女孩的自由

有一位母亲有些无奈地谈起自己教育女儿的事情：

我的女儿小葵原本是一个很活泼开朗的女孩，见谁都是热心地打招呼，走起路来也是风风火火的。后来女儿上了初中之后，渐渐是个大姑娘了，但还是那个性子。我觉得女孩就应该文文静静地，所以我就经常要求女儿说话、衣着都要像个女孩子。例如，女儿觉得穿运动装方便利落，但我要求她穿裙子。

或许我的要求让她有些无所适从和压抑，她原来活泼的性子不见了，回家一看到我竟然露出拘谨神情，吃完饭就把自己关在房间里，或者出去找同学玩。她再也不像以前那样和我交流、谈心、开玩笑了。

一个原本活泼可爱的女孩子之所以变得不那么活泼了，原因就在于母亲太过限制她的自由，太过压抑她本来的个性，所以她开始担心自己的言行举止，让她变得无所适从，甚至会误导她对事物的判断力。

因此，父母绝对不要太侵犯女儿的自由，不要妄图掌握女儿的小秘密，不要包办和代替女儿的事情，要给女儿充分的选择权和自主权。

方法二：帮助女孩确定一个上进学习的榜样

榜样的力量对于女孩子来说影响力很大，因为她们的上进心通常比男孩子要强，而一个能令她们愿意跟随和学习的榜样，对她们树立努力奋进的信心更有帮助。

例如小女孩看到自己的偶像或榜样为人处世的方式和对待生活积极乐观的正确态度，以及用他们自己的努力获得成功的人生经历，那么她就会觉得自己也找到了一种方向和目标。虽然不完全是复制别人的人生，但从别人那里获得一种精神上的鼓励和支持，也会让她对自己的未来充满自信和激情。

想想看，一个有目标，自信而又有激情的女孩子，做起事情来必定是充满希望和阳光，会变得越来越快乐。

所以，女孩父母们应该根据自己女儿的特性，为她找一个能让她积极奋进的正面榜样，这同时也是对女孩活泼天性的保护，很好地维护了女孩的情感。

方法三：鼓励女孩独立思考

如果父母在女儿很小的时候频繁用烦琐而不必要的命令要求她，那么很容易使女儿的习惯固定化，结果可能是父母的命令训练了一个只会听话的“木偶”，让一个原本活泼开朗的女孩变成一个木讷的木头公主，这才是父母教育的最大失败。

养育女孩的关键，是让我们的小公主变得活泼、自信，充满希望和激情，有勇于开拓未来的无穷力量，这是教育应该遵循的最高原则。

下面这位母亲就做得非常好：

在我怀胎十月的时候，我就经常和肚子里的宝宝说话，从那时候开始，我就把孩子当成和我一样平等的人。等到女儿出生以及慢慢长大，我一直都是站在平等的角度和她交流，从不命令她去干什么、怎么做，而是鼓励她自己思考。在她遇到困难时，我从旁给她指导，以便她能找到更好的解决问题的办法。在我这种教育方法下，女儿不但保持了活泼开朗的个性，而且独立性和解决问题的能力都很强。

看，只要作为父母的你给女儿更多的尊重、平等、自由和机会，她就能比你想象的还要好。所以，从现在开始鼓励女儿学会思考，对她少一些命令、批评和指责。

第 14 招

打扮得体、干净整洁为女孩增添魅力

养育真经

那些干净整洁的小女孩最容易受到大家的喜爱，而那些邋里邋遢、衣装不整的小女孩，即使长得再漂亮，也不会受到大家的欢迎。所以，父母要培养女儿从小养成干净整洁、讲究卫生的好习惯，让女儿成为一个受人欢迎的小姑娘。

詹姆士·济杜布森博士是美国一位著名的教育家，也是“爱家”教育机构的创建者和会长。有一次，他收到了一个叫作伊丽莎白·克里斯廷·海斯的 9 岁女孩写来的一封信，名字叫作《女孩比男孩好》，非常有趣：

1. 女孩闭着嘴巴吃东西；
2. 女孩不挖鼻孔；
3. 女孩的头发梳得更漂亮；
4. 女孩没有那么多的异味；
5. 女孩不会把房间弄脏；
6. 女孩看上去比男孩漂亮；
7. 女孩用的除臭剂比男孩多；

8. 女孩打喷嚏时会用手捂住嘴；

9. 女孩不会把头发弄得一团糟；

10. 女孩洗脸的次数比男孩多；

…………

这位小姑娘列举了30多条女孩比男孩好的习惯，其中有一半是讲女孩比男孩更干净整洁、讲卫生。确实是这样，和一些邋遢、不爱洗澡、不爱讲卫生的男孩相比，女孩更爱干净漂亮。然而，干净整洁、注重仪表虽然是女孩的优点，却并非每个女孩都能做到。有一位母亲曾经这样谈到自己的女儿：

我女儿今年9岁，长得漂亮，学习也好，但就是不爱干净。每天早晨，她既不刷牙也不梳头，吃完饭顶着一团乱发就去上学。家里买了水果，她常常洗也不洗就往嘴里送。有时候，我们让她洗手洗脸，她在水龙头下冲两下就算完事了，有时连手背都没有沾到水。现在我和她爸都非常发愁，一个小女孩不爱干净哪行啊，人家会怎么看我们做父母的呢！更让我们担心的是，由于女儿不爱干净，她常常闹肚子，而且长了蛀牙，我们真不知道怎么办才好！

这位母亲的担心并不是多余的，我们都有这样的感受：一个女孩，无论她长相如何，只要干干净净、衣装整齐地出现在大家面前，很快就会博得大家的好感。而一个女孩即使长得再漂亮，但是邋里邋遢、衣装不整，她肯定不会获得大家的喜爱。人们甚至还会产生这样的想法：这个女孩这样邋遢，一定缺少家教。所以，女孩注重干净整洁，不仅关系到她自己的精神面貌、人际交往，还关系到父母面子。此外，不讲卫生还会影响孩子的身体健康，那些不讲卫生的孩子更容易患上感冒、蛀牙、肚子疼……所以，我们一定要培养女儿从小养成干净整洁、讲究卫生的好习惯。

培养女儿干净整洁的习惯，应该是越早越好。因为一个习惯的养成不是一朝一夕，而是需要很长的时间，而且越是在小时候形成的习惯，越不会轻易丢掉。所以，我们在女儿很小的时候，就要去引导她们，让她们慢慢养成好习惯。

方法一：父母要以身作则

可以说，每个父母都希望自己的女儿干干净净、人见人爱。有些父母为了培养女儿干净整洁的好习惯，常常教训女儿：

“饭前要洗手，怎么又忘了？”

“刷牙了没有？不刷牙不准吃饭。”

“该洗澡了，快去洗澡！”

“赶快把你的屋子收拾一下，乱死了！”

这种批评式的教育方式非常不好，它们不仅很难起到教育作用，还会引起孩子的反感。其实对父母来说，最好的教育方式就是以身作则。如果父母在生活中总是干干净净、注重自己的仪表，女儿通过耳濡目染，也会形成干净整洁的好习惯。反之，如果父母非常邋遢，女儿也就见怪不怪了，再脏再乱的环境都能忍受下去。所以，父母要想培养女儿干净整洁的好习惯，自己首先要以身作则，做到干净整洁，给女儿树立一个良好的榜样。

方法二：培养女儿干净整洁的习惯

惠茜今年6岁，是一个干净整洁、讲究卫生的小姑娘。每天早晨起床，她不用妈妈提醒，自己就去刷牙洗脸，然后把头发梳得好好的。吃东西的时候，她会把手洗得干干净净。她自己的衣服、玩具也总是收拾得整整齐齐的，一用就能找到。惠茜能够养成这样的好习惯，和妈妈的教育是分不开的。在她3岁的时候，妈妈就给她买了小白兔儿童牙膏，让她和自己一起洗脸、刷牙、梳头。等她长大一些，妈妈开始教她叠衣服、收拾玩具，并告诉她把这些东西放在哪里。慢慢地，惠茜养成了干净整洁的好习惯，不用妈妈提醒就能做得非常出色。

心理学家研究证明，孩子在12岁之前可塑性是非常强的，如果父母能够抓住这个时机培养孩子的好习惯，将会使孩子终身受益。在培养孩子干净整洁、讲卫生方面，父母应该从小抓起，让他们尝试着刷牙、洗脸、梳头，并告诉他们饭前便后要洗手。等孩子长大一点儿，再教他们叠衣服、收拾屋子。在开始的时候，孩子可能不愿意学，也可能做不好。在这种情况下，父母不要批评孩子，也不要表现出不耐烦，而要耐心地去教导他们。等孩子慢慢养成了干净整洁的好习惯，不用父母的提醒，他们就能做得非常出色了。当然，对于女孩来讲，更是如此。

方法三：严格按规定执行

为了培养女儿干净整洁的好习惯，很多家庭都会制定相应的规矩，例如早起要刷牙洗脸、饭前要洗手等。但是很多女孩并没有养成干净整洁的好习惯，这和父母的执行不力有很大关系。

场景一：爸爸买了女儿最爱吃的天津麻花，女儿抓起来就要吃。爸爸说："我不是告诉过你吗，吃东西前要先洗手。"女儿急匆匆地跑到洗手间，用水龙头冲了两下就跑了回来。爸爸说："你没洗干净，再去洗洗。"女儿仍是"故伎重演"。最后爸爸无可奈何地说："真拿你没办法，就这样吧。"

场景二：7岁的雪丽把屋子弄得乱糟糟的。妈妈生气地说："快把你的屋子收拾一下，太乱了！"雪丽说："妈妈，我要写作业了，要不然就完不成了。"妈妈没办法，只好亲自动手为女儿收拾屋子。

从上面这两个事例可以看出，由于父母的娇惯和放纵，最终让女儿打破了自己所订立的规矩。当这些规矩一旦被打破，也就失去了对女儿的约束力，最后也无法培养出女儿干净整洁的好习惯。所以，当我们定下这些规矩之后，一定要让女儿严格执行，不能有丝毫的妥协和退让。由于女儿年纪小，有时候会耍赖、发脾气、哭闹，出现这种情况的时候，父母不要责备她们，但要给她们一个坚定的暗示：不按规矩执行是不行的。例如女儿想吃苹果却不想洗手，被妈妈拒绝后又哭又闹，这时候妈妈可以心平气和地对她说："洗完手才可以吃苹果，不洗手就吃苹果是不卫生的。"妈妈用这种描述性的语言和女儿说话，既不会引起女儿的反感，同时也给了她一个暗示：必须按规矩去执行。渐渐地，女儿会明白这些规矩是不能打破的，就会严格地去执行，并最终养成干净整洁的好习惯。

第15招

教女儿告别羞怯，尽显大方气质

养育真经

对于女性来说，矜持含蓄是一种个性，但是含蓄并不等于腼腆、羞怯。在当今这个开放的社会，那些落落大方的女性更容易得到大家的认可和欣赏，更容易交到朋友。所以，父母应该有意识地把女儿培养成一个落落大方的女孩。

瑾萱是一个容易害羞的小姑娘。前段时间，姥姥要过生日，妈妈问瑾萱："姥姥要过生日了，你是不是要给姥姥唱一首祝寿歌呢？"当时瑾萱非常爽快地答应了，每天晚上都坚持练习。但是等姥姥过生日那天，瑾萱一看那么多人，怎么劝也不肯唱，最后被妈妈逼急了还哭了起来。妈妈有些无可奈何地说："这孩子脸皮太薄了，怎么一见人就害羞呢？"

和男孩相比，女孩更容易腼腆、羞怯，这一点很多父母都深有体会。生活中，我们常常听到父母这样抱怨自己的女儿：

"我这女儿在家里挺能说的，但是出了家门，连问个路都不敢。"

"我女儿最害怕生人，家里一来了客人，赶紧躲到自己的书房去。"

"我女儿太内向，上课从来不举手回答问题。我问她为什么，她说不好意思当着这么多同学回答问题。这有什么不好意思的，我真想不明白。”

心理学家研究发现，在孩子1~2岁时出现害羞现象是正常的，但是超过这个年纪仍然常常感到害羞，父母就需要多加关注、多加引导了。

女孩容易出现害羞现象和她们的性别有一定的关系，但是最主要的，还是和家庭教育有关。一些女孩常常害羞、不敢见生人，都是由于家庭教育不当引起的。

场景一：小茹是个害羞的孩子，每次和妈妈到朋友家做客，小茹都非常紧张。有时候朋友逗她玩，她不是支支吾吾说不出话来，就是放声大哭，让妈妈感觉非常尴尬。后来，妈妈再也不愿意带小茹外出了，而小茹也乐得不见生人，从来不向妈妈提出一起去。

场景二：小芸今年6岁，在一家幼儿园上学。每天早上去上学的时候，妈妈都要嘱咐她：“在路上不要跟陌生人讲话，现在拐卖小孩的坏人可多了。”小芸也很听话，从来不和陌生人说话，即使家里来了陌生人，她也赶快躲到自己的房间里。

现在仍有很多错误的观念左右着父母。例如为了防止女儿受到伤害，很多父母常常用危言耸听的话吓唬她们。当然，加强女儿自我保护的意识是对的，但是常常用危言耸听的话吓唬她们，会让她们对陌生人产生一种恐惧感，从而变得扭捏害羞、看见生人就害怕。很多父母认为含蓄是女性的优点，但是含蓄并不是拘谨，更不是紧张恐惧，父母一定要分清。

现在是一个开放的社会，那些落落大方的女性不仅更容易得到广泛的认可，而且更容易交到朋友。落落大方的女性更能适应这个充满竞争、充满变数的社会，而那些腼腆、扭捏的女孩会给人们一种小家子气的感觉，在这个社会中也会处于劣势。所以，我们要有意识地把女儿培养成一个落落大方的女孩。

对于女孩来说，她是腼腆、羞怯，还是落落大方，与后天教育有很大的关系。如果让女儿经常接触他人，慢慢地，她就敢说话了，见到人也不会再害羞了。所以，父母要多鼓励她们，多带她们接触一些新环境。

方法一：多带女儿走亲访友

文雅是一个羞涩的小女孩，一遇到陌生人就感到拘谨。有时候家里来了客人，文雅就赶快躲到自己的屋子里。妈妈发现这一点后，就故意带她去走亲访友。并且在走访亲友前，妈妈会这样对文雅说："张阿姨特别喜欢你，她们家还有很多好玩的玩具，咱们到张阿姨家去做客，好不好？""李阿姨说想你呢，我们去看看她吧！"有时候文雅见到亲友仍然会不自然，妈妈会对她说："阿姨早就想见你了，快和阿姨打个招呼，她喜欢懂礼貌的小朋友。"在走访亲友的过程中，妈妈还会鼓励文雅和亲友交谈或者表演节目。无论女儿表现怎样，回到家妈妈都会表扬她："你今天舞跳得真好，王叔叔不停地夸你呢。"慢慢地，文雅再也不腼腆、羞涩了，而且还学会了很多社交礼仪。

很多父母嫌小孩累赘，走亲访友的时候不愿意带她们。其实走访亲友时带上孩子非常有利于培养她们的交往能力，容易让她们摆脱腼腆、羞怯的性格。对于本来就腼腆、羞怯的孩子，父母更应该多带她们到亲朋好友家走一走、转一转。如果孩子不愿意和亲友打招呼，父母也不要批评她们，不要给她们贴上"害羞"的标签，更不要显示出无所谓的态度。父母可以鼓励、引导她们，就如上文中的文雅妈妈一样。

方法二：多带女儿去见见世面

歆瑶今年7岁，是一个懂礼仪、落落大方的女孩。歆瑶能做到这一点，和她爸爸的教育方式是分不开的。每到周末，爸爸都会带她去参加一些音乐会、画展。到了寒暑假，爸爸还会选择一两个名胜带她去参观、游玩。在她3岁的时候，爸爸还带她参加了河北电视台的品牌节目《超级宝宝秀》。

一些盛大、隆重的场合，最能培养女孩的社交能力。当她们见多识广了，自然会变得落落大方，见到陌生人也不会感到拘谨了。所以，当父母参加一些大型聚会的时候，可以考虑带上自己的女儿。

方法三：树立女儿的自信心

一些女孩之所以形成腼腆、害羞的性格，主要原因是她们缺乏自信心。细心的父母可能会发现，那些腼腆、羞怯的女孩虽然不愿意接触陌生人，甚至也不喜欢和同龄的孩子一起玩，但是非常愿意帮助那些比自己年纪小、看起来更柔弱的小孩。为什么会出现这种情况？这是因为和这些更柔弱的孩子相处，她们能够获得一种优越感和自豪感，让自己的内心得到满足。所以，当女儿出现腼腆、不愿意和人交往的情况时，父母先要树立她们的自信心，为培养她们的社交能力打下良好的基础。当她们彻底摆脱自卑感后，才能够真正做到落落大方。

第三章

为女孩架起艺术的天梯

培养多才多艺的小公主

父母们都希望自己的女儿多才多艺、能歌善舞，但是盲目地带领女儿走进艺术的殿堂，很可能起到事与愿违的结果。如果女孩对唱歌、跳舞不感兴趣，而父母非要逼着她学习，那么最后不但达不到父母的期望，也会让孩子对这些艺术科目产生厌烦和敌对情绪。因此，想要培养一个多才多艺的女儿，父母就要从尊重和引导女儿开始。

第16招

提高女孩对艺术的感受力

养育真经

在学习音乐、舞蹈、绘画、文学等艺术特长时，不但需要女孩有过硬的基本功，更需要很强的艺术感受力，有一双能发现美的眼睛。只有让自己感受到艺术的魅力，才能看到和享受到更美的东西，才能提升自己的魅力。

感受音乐的美，可以让女孩聆听更多直达心灵的声音；感受绘画的美，可以让女孩看到更多渲染生活的色彩；感受舞蹈的美，可以让女孩体验更多肢体散发的魅力……作为父母，我们除了让女儿去感受这些艺术的美，更重要的是提高女儿对艺术的感受力，让她去学会怎样发现美，进而改变自己，让自己显出真正的美感。

有一位母亲的育女经验是这样的：

我女儿醒醒非常喜欢唱歌、跳舞，上幼儿园的时候，她学习唱歌、跳舞的兴趣很大，我们也都比较支持。后来，女儿上了小学，强烈要求我们给她报了一个舞蹈班，让她在周末的时候去系统地学习舞蹈。刚开始，我和爱人都在犹豫，因为女儿上了小学后，学习成绩并不是很理想，所以我们想让女儿把精力都放在学习上，但是小丫头似乎对舞蹈更感兴趣。最后，我们答应女儿给她报舞蹈班，但是她也要保证学习不被耽误。

我原先以为女儿会在学习和舞蹈之间产生很多矛盾和不必要的麻烦，可是经过一段时间的观察，我发现女儿的身材变得更加苗条、匀称了，而且身上多了一股灵动活泼的气质，最重要的是她对学习更加上心了，学习成绩也在不断提高，我想是女儿对舞蹈的自信转移到学习上去了。从此之后，我再也没有以耽误学习为由反对女儿唱歌、跳舞了。

所谓艺术，是一种文化现象，大多表现为满足主观与情感的需求，其根本在于不断创造新兴之美，并借此宣泄人们内心的情绪与渴望。一般来说，艺术的种类包括音乐、舞蹈等表演艺术，绘画、摄影等视觉艺术，雕塑、建筑等造型艺术，电影、电视等视听艺术，文学等语言艺术，戏剧、歌剧等综合艺术……

最重要的是以上每一种艺术都可以激发出女孩与众不同的气质，并且在提高女孩对艺术的感受力的同时，也激发出她对艺术继续探索的热忱和信心，同时，这种热忱和信心也会转移到其他方方面面，例如对音乐的热爱转变成对生活的热爱。

那么，为了让女儿发现更多人生中的美，我们应该怎样培养女儿从艺术的道路上去发现美和创造美呢？

方法一：培养女孩对艺术的兴趣和爱好

小鱼三岁的时候，突然对画画产生了兴趣。很多时候，妈妈看到女儿拿着一支笔，在一切她能作画的地方胡乱涂鸦，有时是纸上，有时是书上，有时是空白的墙壁上，并且小家伙画得很开心。对于小鱼乐此不疲的涂鸦，爸爸妈妈并没有批评，也没有告诉她怎样画更准确，而是经常鼓励女儿说：“鱼鱼画得真好，再给爸爸画一个。”有时候，爸爸妈妈还把小鱼画的画贴到墙上，得到父母鼓励的小鱼对画画的兴趣更浓厚了。

等到小鱼长大一些，妈妈开始对她画画进行适当的引导。例如妈妈会给她买一些连环画，让女儿先从模仿开始；指导女儿如何正确地抓住画画对象的特点等，渐渐地，小鱼画画的能力得到提高，并且开始加入了自己的创意。

后来由于经常画画，小鱼的审美能力要比同龄的孩子高很多。她不但会给自己搭配服饰，而且是爸爸妈妈的服装顾问，有时候同龄女孩子出去买衣服，也会拉着小鱼做参谋，这也让小鱼结交到很多好朋友。

小鱼父母的教育方式很值得其他女孩父母们借鉴。当女孩对某一件事物，比如音乐、舞蹈或者文学产生兴趣时，我们不要干涉女儿，不要给她过多的压力，而是应该多给女儿一些鼓励和引导。其实，让女孩爱上唱歌、跳舞、画画、文学这些艺术一点儿都不难，关键是你有没有正确鼓励和引导她，让她始终对艺术保持一份好奇心和探索欲望。

方法二：多方面培养女儿的艺术感受力

“世界上并不缺少美，只是缺少发现美的眼睛。”这是法国著名雕塑家罗丹曾经说过的一句经典名言，其实就是指一个人的艺术感受力。众所周知，具备敏锐艺术感受力的人，例如音乐家、舞蹈家、雕刻家、作家等，他们身上都有一种吸引人的气质，他们善于把自己捕捉到的美融入自己的作品和生命中去，并转化成一种夺人心魄的魅力。

因此，作为父母我们除了要培养女儿对艺术的兴趣和爱好外，更要从各个方面去培养女儿的艺术感受力。通常，培养女孩的艺术感受力，父母可以采取下列几种方法：

1. 带女儿寻找生活中的美。提高女儿的艺术感受力，并不一定非要去学习具体的某门艺术，生活中处处都有美的事物。因此，我们首先要教导女儿热爱生活，去积极发现生活中的美，从那些细枝末节的小事上去体会美，自然而然，女孩对艺术的感受力也会变得敏锐起来。

2. 让女儿多读文学作品。古人云："书犹药也，善读之可以医愚。"文学大师的作品不仅可以帮助孩子变得聪颖、智慧，同时在增强女孩文学知识的同时，也无形中提高她的艺术品位。

3. 让女儿多接触大自然。世上任何的音乐、舞蹈、文学作品等都没有大自然更能带给孩子强烈的艺术感受力。大自然的壮阔与美丽，大自然的包容与坚韧，这些都会在提高女孩审美能力的同时更加强烈地洗涤她们的心灵。

第 17 招

挖掘小公主的音乐天赋

养育真经

有些女孩天生就有节奏感，当她们还不会说话时，就已经能跟着音乐的节奏来舞动自己的身体，甚至咿咿呀呀地哼唱起来。因此，父母可根据女孩的这一特性，让音乐成为开发女孩大脑智慧的“启蒙老师”。

音乐是一种需要心灵感受的独特语言，很多孩子在妈妈肚子里的时候就会对音乐产生独特的感觉，例如听到某种音乐，她就会踢踢母亲的肚子，代表她喜欢；一听到别的音乐，她就变得很安静。

音乐不仅可以提高女孩对情感的体验和感受能力、陶冶情操，还可以提高女孩的审美能力和文化修养。现实中，很多女孩正是因为得益于良好的音乐教育，才拥有了一种与众不同的灵动气质。

对于如何帮助女孩挖掘音乐天赋，日本著名的音乐教育家铃木是这样说的：“儿童学习音乐，首先应该学习听完整的优秀音乐，只有多听才能培养出乐感。”他还认为，儿童可以像学会本国语言那样自然地学会理解音乐，只要能为儿童创造一种优良的音乐环境，让幼儿每日沉浸其中，就可以轻易地掌握那些最优秀的音乐文化。

不过，随着音乐教育的普及，女孩父母们也产生了无数的烦恼：

“乐器的种类繁多，真不知道为女儿选择哪一种。”

“我想让女儿学习音乐，可又担心她没兴趣、没天分。”

“花了一个月的工资给女儿买了一把小提琴，可是没学几天，女儿的兴趣就没有了，枯燥的练习让女儿很快地产生了抵触情绪。”

…………

以上这些是我们挖掘和培养女孩音乐潜能中经常遇到的问题，对此，父母们不妨参考下面这些建议：

方法一：培养女儿对音乐的感受能力

为了培养女儿王果的音乐才能，妈妈常常会让音乐伴随着她的日常活动。如起床时，妈妈会给王果播放一些活泼、有力的乐曲；吃饭时，再播放一些优美、舒缓的乐曲；临睡前，播放一些安静的乐曲；即便是给王果讲故事，妈妈也会选择一些和谐的乐曲做伴奏，增强情感的渲染。有时，妈妈还鼓励王果跟随音乐的节拍有节奏地做动作，如踏步、打拍子、跳舞等。

王果妈妈的教育方法很值得其他父母一试，她并没有着重培养女儿的音乐专业，而是让女儿去感受音乐，去体会音乐的节奏感和美感。当女孩生活在一个充满了音乐的环境中，久而久之，她对音乐的感受力就会比常人敏锐，音乐修养自然也随之提升。

方法二：帮助女儿选择适合自己的音乐器材

心理学家们通过对儿童的跟踪调查发现，越是让孩子轻易实现的愿望，孩子往往就越不会珍惜。所以，我们时常会听到有些家长说：“刚给女儿买架钢琴，她学了两天就嫌太累。后来又对吉他产生了兴趣，可刚学了没两天，就又放弃了。这孩子怎么没有一点常性啊！”

有一位母亲的教育经验是这样的：

女儿非常想要一架钢琴，但是我没有立刻满足女儿，因为我不想她成为要什么就能得到什么的小公主。

在我确认了女儿对学习钢琴的确有兴趣后，我认真地告诉她：“钢琴很贵，要用掉好多好多的钱，妈妈要认真地工作一段时间，把钱攒够后才能给你买，你得等一等。”

一段时间过去了，女儿一直记着我的话，当她再次向我提到这件事时，我故意面露难色，无奈地说：“女儿，抱歉，钢琴实在是太贵了，你能不能再等一等呢？”女儿虽然有点儿失望，但还是答应了我的请求。

到了向女儿履行诺言的时候了，我拿出三万元钱，故意叫工作人员将它们换成每张 10 元面额的，然后将一大堆钱带回家摆在女儿面前，告诉她要花这么多钱才能买到一架钢琴。女儿看到面前的这么多钱，惊讶得张大了嘴。

就这样，女儿通过我的苦心，理解了一架钢琴的价值，她不仅很自觉地爱护这架钢琴，也非常认真地坚持练习弹琴。

第 18 招

激发女儿的舞蹈兴趣

养育真经

舞蹈不仅可以增加女孩的气质和魅力，而且对于女孩形体的塑造有很大的帮助。除此之外，舞蹈还可以训练女孩的协调能力、平衡能力，锻炼女孩的身体机能。总之，舞蹈可以让女孩变得更美丽、更自信、更健康。

当女孩还在牙牙学语时，她就已经下意识地跟着音乐节奏舞动自己的小胳膊小腿。很多父母意识到，舞蹈能够让女儿拥有优美形体和优雅气质。

一位父亲是这样讲述女儿跳舞的：

我的女儿是幼儿园中班的小朋友，因为她从小就又瘦又矮，我听说跳芭蕾有助于长高，且运动量大，能锻炼身体，就决定送她去学芭蕾舞。女儿经过一年多的舞蹈学习，我发现，女儿的身体比以前结实多了，并且无论是坐是站，后背、脖子、腰身都挺得很直。走在路上，她常被人夸奖：“这小女孩一看就有艺术气质。”这让我非常开心。

不过，还是有很多父母担心跳舞太苦，不舍得女儿吃苦。其实，女孩跳舞有非常多的益处，例如形体优美、增强肢体的柔韧性和灵活性、动作更加协调、提高审美观、提升自信心、促进智力发育。舞蹈不但让女孩变得更加美丽，而且使得她们身材挺拔、个头高挑、充满自信，能塑造优雅的气质。

所以，我们要想让女儿成为一个气质非凡的魅力女性，就应该从小让她学习舞蹈。当然，让女孩跳舞并不是一件简单的事情，因为每个女孩的协调能力、体型等都是不一样的，而且对舞蹈的兴趣也有所差别。那么父母如何激发女孩对舞蹈的兴趣呢？

方法一：培养女孩对舞蹈的兴趣

有一位母亲的教育经验是这样的：

我非常喜欢在日常生活中培养女儿对舞蹈的兴趣。每当下班后回到家，我都会陪着女儿看少儿节目。如果有小朋友跳舞的节目，我就会高兴地对女儿说："小朋友跳得真好啊，我的宝贝女儿要是会跳，妈妈就可以天天看了。"

有时我带着女儿去公园的时候，会看到很多蝴蝶。我就会对女儿说："看，蝴蝶在跳舞呢，多漂亮啊。女儿，能学蝴蝶跳舞吗？"

无论是电视上的舞蹈，还是大自然中蝴蝶的舞蹈，都是可以模仿的。女孩如果在跳舞方面得到父母的支持，那么她就会增加对跳舞的自信和兴趣。

不过，学习舞蹈还是应该去专业的舞蹈学习班，在这里父母要注意，在把女儿送进专业的舞蹈训练班之前，一定要考虑女儿的兴趣和身体素质。进行专业舞蹈学习的孩子，年龄不能太小，专家认为 5 ~ 12 岁是孩子身体发展的重要时期，这个阶段学习舞蹈，对女孩的成长大有益处。

方法二：延迟满足女儿学习舞蹈的心愿

泰妍一直缠着父母要去学舞蹈，可妈妈知道学舞蹈是很苦的，孩子会很容易打退堂鼓，这样会不利于孩子的健康成长。于是，妈妈故意骗她，说不让她去学，理由是怕她打退堂鼓、怕她浪费钱。

刚开始，泰妍听妈妈这样一说，有点犹豫，可马上又说：“妈妈，我不怕苦，我会坚持到底，不会打退堂鼓的！”妈妈又故意把她晾在一边，不答应她，一来是吊吊她的胃口，二来是使她以后训练时不会因怕疼而不练。

虽然妈妈口头上不答应泰妍，可妈妈却经常有意带她去看小朋友们跳舞，还经常在她面前夸哪个哪个小朋友跳得很好，妈妈很喜欢她，很欣赏她。这一下泰妍可急坏了，又不敢硬缠，便悄悄地观察妈妈，只要妈妈一高兴，就向妈妈提起学跳舞的事。

过了一段时间，妈妈知道时机到了，故意很勉强地答应了，还对泰妍提出不准半途而废的要求。这时的泰妍只顾着高兴，就很痛快地答应了。果然，在日后的舞蹈学习过程中，女儿所表现出的努力程度、坚韧程度，都远远高出其他女孩。

延迟满足，在家庭教育中有很多的应用。学习舞蹈是很苦的，很多女孩子都会在学习的过程中因为怕疼、怕累而半途而废。因此，当女儿向你提出学习舞蹈的请求时，父母一定要记得延迟满足她的心愿。只有让她知道自己的学习机会来之不易，她才能鼓起勇气继续坚持、继续努力，最终学有所成。

第19招

让女孩至少会一种乐器

养育真经

乐器是传递音乐的器具，乐器演奏是一件愉悦心灵的事情，可以增加女孩的修养和魅力。当然，学习任何一件乐器都可以变成女孩的特长，让她获得更多的自信和快乐。

美国著名的音乐教育心理学家詹姆士·莫塞尔曾说过：“乐器教学是体验音乐的最佳途径，事实上它本身就是一个广泛的音乐学习领域，在这一领域内，它为我们音乐教学提供了许多独特的音乐教育价值。孩子们抱着喜悦的心情，在教师的指导下，一定能将这种价值逐渐变成自己的知识。”可见，学习乐器对于孩子来说有着重要的价值和意义。

对于一个普通女孩子来讲，也许没有天赋成为第二个贝多芬，也很难有机会成为第二个麦当娜，但是仍然有必要学会一种乐器。学习乐器时要求眼睛、脑、手共同协作，其中手的动作占了很重要的地位。手指的运动不仅能使肌肉动作更协调、更灵敏，而且对脑细胞的神经发育也有促进作用，尤其可以激活、促进右脑的功能开发。

不过，也有很多父母让女儿学乐器，只是为了完成自己未了的心愿，或不想落于人后，因而选择乐器时会比较盲目。

钱妮的妈妈从小就有个愿望，就是成为一个出色的钢琴家，可是小时候因为家庭条件不好，她没能实现这个理想。不过，幸好她有个女儿，她觉得女儿可以帮助她实现这个梦想。钱妮并不像妈妈那样喜爱钢琴，比起钢琴来她更喜欢吉他。但是妈妈每天都逼着她练习钢琴，如果她表现得很差劲，妈妈不是长吁短叹，就是批评她不用心。这让钱妮觉得妈妈都有些魔障了，实在是有些可怕。

父母一味按照自己的意图为女儿选择乐器，其实是大错特错的。不同年龄层次的女孩，具有各自的性格特点，不同性格特点的女孩也有着各自的喜好……如果忽略了这些前提条件，硬去要求女儿学某种乐器，其结果就可能是劳神伤财，到头来半途而废。

那么如何从女儿的自身条件出发为她正确地选择一种乐器呢?

方法一：正确引导，选择适合女儿的乐器

一位父亲的教育经验是这样的：

女儿很小的时候，我就有让她学习一门乐器的想法。为此，我经常在日常生活中对女儿进行引导：

“你看，电视上那个弹电子琴的小姐姐好棒呀！她的手像是在键盘上跳舞。”

“那个拉大提琴的小哥哥，竟然能奏出这么美妙的乐曲，真是太神奇了。”

…………

此外，我还经常带着女儿去艺术学校、乐器行走走，让女儿看看各种乐器，听一听、摸一摸、试一试……很快，女儿就迷上了电子琴演奏。

其实，小女孩学东西很容易三分钟热度，要让女儿有信心学下去，选择乐器就很关键。在选择乐器时，儿童音乐教育专家给出了以下几点建议：

1. 3岁以下的孩子，肺活量小，学习吹奏乐有困难，开始最好不要选择这类乐器；

2. 4～5岁可以开始学钢琴、电子琴、手风琴等键盘乐器，而学习弦乐器，如小提琴、古筝等，应该在5岁半之后。一般来说，学习键盘乐器一年，基本掌握了音准和节奏感后，再转学弦乐器会更好。

需要注意的是，在帮助女儿选择乐器时，父母要尊重女儿的兴趣。因为学习乐器的动机主要就是兴趣，如果孩子没兴趣，学习起来就会很困难，只会起适得其反的作用，甚至还会让女孩对学习乐器感到厌倦。

因此，帮女儿选择乐器的正确方法应当是：父母引导，让女儿自己做主。

方法二：不要立刻答应女儿购买乐器的请求

有些父母愁眉苦脸地说："我很支持女儿学音乐，而且她要什么乐器我就给她买什么。上次她要吉他，我二话不说给她买了。可没几天，她说自己喜欢钢琴，我又买了。现在又要换扬琴，难不成她要在家开个琴行吗？不但什么都没学会，而且还浪费了不少钱。"

小女孩毕竟还小，她们时常会对各种各样的乐器产生好奇，也许她们并不是发自内心地喜爱，只是受别人的影响而突然出现一个想法。面对女儿这种冲动，父母不要即刻满足，因为太容易得到的东西，反而不会去珍惜。

很多时候，父母不妨先对买乐器的事情拖一段时间，在这段时间里，要让女儿尽量体会父母挣钱的不易，最好给女儿定下约定，如果给她买了乐器，那么她就要好好学。等到女孩意识到自己得到的这件乐器非常宝贵，她就会变得珍惜起来，学习乐器的时候自然也会更加用功。

第 20 招

带女孩走进绘画的王国

养育真经

丰富多彩的颜色，天马行空的想象力，一笔一画的描绘，这些都是学习绘画时必须要具备的。绘画不仅可以锻炼女孩的感知能力，更锻炼她的动手能力和独立思考能力。所以，提倡给女儿一支画笔，让她展开想象，描绘世界。

绘画是女孩直接的、自由的、最便捷的艺术表达方式。女孩可以通过自己的亲身体验以敏锐的观察力、丰富的想象力，把见到的有趣的事、人物、动物、环境，用手中的画笔描绘出来。

绘画不但让女孩体验美、画出美，还会增加女孩美的气质，提升女孩的审美情趣和个人修养。对此，那些培养女孩绘画能力的父母，最有发言权：

“女儿自从开始学画画，她的观察能力和审美能力都大幅度提升了。”

“我发现女儿自从扎进绘画的世界里，她的想象力变得更丰富了，而且耐性也好多了。”

…………

不难看出，在绘画的过程中，女孩的观察能力、审美能力、创新能力等都得到了提高。

可是，有些父母认为女儿没有绘画天赋，胡乱涂鸦一点儿艺术感都没有。事实上，女孩并非一定要有天赋才可以学绘画。要知道绘画对孩子的感知能力、想象力、动手能力等各方面都有很好的锻炼和开发，十分适合女孩学习。

那么父母如何才能更好地培养女孩对绘画的兴趣呢？下面这些教育方法或许会给你答案：

方法一：培养女儿的绘画兴趣

有一位母亲的教育经验是这样的：

我一有时间就会带女儿去逛公园或者去郊游。女儿很高兴，因为她可以和美丽的蝴蝶玩耍，可以摘到小野果，可以看到好多小昆虫。

有一次，女儿看到一只粉嫩的蝴蝶非常漂亮。当她走到蝴蝶身边时，蝴蝶忽的一下就飞走了。女儿伤心地哭了起来，非要我找到那只蝴蝶。

我问女儿："宝贝，你喜欢刚才那只蝴蝶是吗？它很漂亮对吧？"

这一问不要紧，女儿哭得更伤心了。

我继续说："你应该还记得蝴蝶的样子吧？"女儿点点头。

我说："我教你一个办法，能让你再看到那只蝴蝶。"

女儿停止哭泣，问："妈妈快说，什么办法？"

我说："你可以凭你的记忆把蝴蝶画下来呀，这样你什么时候想看它就能看到了。"

回到家后，女儿果然认真地画起了蝴蝶。

女孩天性柔弱善良，世界在她们眼里是美好而多彩的。因此，我们可以带着女儿去大自然中寻找美，然后引导女儿用画笔把"美"留住，让女儿在大千世界中学会观察、感悟，让她热爱这个世界，把大自然当成最好的素材，进而培养她的绘画兴趣。

经常带女儿去公园、动物园、植物园这些地方，让女儿学着仔细观察身边的一切，并用画笔描绘出来。

方法二：不管女儿画得如何，都请多鼓励

有一次，美术老师正在教孩子们画水彩画，英英的妈妈来接女儿了。英英马上把自己刚画好的画递给妈妈，妈妈拿着画，掉过来转过去地研究，还是没有看出女儿画了什么。“这是什么呀？”妈妈小声问英英。“是猫呀。”英英话音还未落地，妈妈就连着夸奖：“是猫，是猫，画得真像！我们英英好棒，画得真好！”说着眉开眼笑地领着英英回家了。

过了一段时间后，英英的这幅画获得了全国儿童绘画比赛一等奖。评委们说孩子的线条大胆、有创意。

当我们的女儿对某些活动有兴趣时，如果能像英英的妈妈那样理解女儿，并表现出由衷的赞赏，就给予了女儿极大的鼓励，可促进她能力的逐步提高。

其实，真正的绘画天才并没有几个，女孩子小时候就喜欢胡乱涂鸦。这种涂鸦意愿在女孩子幼年时期往往会比男孩子表现得更强烈一些。因此，父母应该保护和引导女儿的绘画天分，多给女儿一些绘画上的鼓励和支持。

第 21 招

阅读，女孩能文会诗的开始

养育真经

对于女孩来说，喜欢阅读是一种非常好的习惯。一个喜欢读书的女孩，在知识积累、能力表达、思考问题以及判断力等方面都会强于他人。父母应该培养女孩从小养成爱阅读的好习惯。

和调皮捣蛋的男孩相比，女孩更喜欢安静。女孩小时候最喜欢的事情就是让妈妈讲故事。等她们长大一点儿，很多女孩都会喜欢上阅读，因为书中不仅有她们喜欢的童话人物，还有她们憧憬的美好梦想。

对于女孩来说，喜欢阅读是一件好事。一个常常读书的女孩，在知识积累、能力表达、思考问题以及判断力等方面，都会明显强于其他孩子。此外，读书还会增加女孩的书香之气，让她成长为一个有知识、有内涵的优秀女孩。

佳妮今年 15 岁，上初中三年级。虽然年纪不大，但是很多同学都喜欢称她为“佳妮老师”，因为她读过很多书，知识丰富。

在佳妮一两岁的时候，妈妈常常讲故事给她听，她也渐渐迷上了那些美丽的童话故事。到了三四岁的时候，妈妈给她买来很多图画书，不仅讲给她听，还让她自己来读。

就这样，佳妮在上幼儿园前就认识了好多字。等上了小学，她的阅读面更加宽泛了，从古典名篇到中外名著，几乎无所不包。因为读书多，佳妮不仅知识丰富，而且表达能力、思考能力等都明显强于其他孩子。上初中以后，佳妮的才华越发显现出来，在一次全国初中生辩论大赛中，佳妮用她的学识和口才征服了评委，获得了一等奖。写作更是佳妮的长项，她虽然还是一个初中生，但已经在报纸杂志上发表了二十多篇文章。

从这个例子，我们可以看出，常常读书对女孩各方面能力的培养都是十分有利的。当然，并不是每个女孩天生就喜欢阅读，这和父母的后天培养有非常大的关系。所以，我们要从小培养女儿读书的爱好，让她们从小就成为一个小书迷。

对于女孩来说，让她们爱上阅读并不难。只要在她们小的时候多加引导，并且给她们树立一个良好的榜样，她们会很容易爱上阅读。不过值得一提的是，父母应该充满耐心，不要不耐烦——养成一个良好的习惯，毕竟不是一两天的事情。

方法一：父母要以身作则多阅读

孩子的模仿能力是非常强的，他们常常把爸爸妈妈作为模仿的对象。如果爸爸妈妈喜欢阅读，那势必会感染孩子；如果爸爸妈妈根本不喜欢读书，孩子也很难喜欢上阅读。所以，想要女儿热爱读书，我们就要以身作则，给她们做一个热爱读书的好榜样。

一位妈妈曾经这样谈到自己的育女经验：

在女儿 3 岁之前，我和老公一点儿也不喜欢读书，我们最喜欢做的事情就是看电视。女儿 3 岁后，我给女儿买来不少童话故事，并且讲故事给她听。结果女儿一点儿也不喜欢听故事，她宁可坐在电视机前看电视。我们意识到自己没有给孩子起到热爱读书的表率作用，便决心改变这种局面。

此后，我和老公订阅了一份《北京青年报》，还买了一些其他书籍。每天晚上，我们都读几则新闻，相互交流一下，有时候是故意演给女儿看的。女儿看我们谈得热闹，经常会好奇地问我们："爸爸妈妈，你们在说什么？"我们便把一些有趣的故事讲给她听。过了一段时间，女儿感觉听故事是很有意思的事，便不再看电视，而是专门让我们给她讲故事了。

当然，给孩子干巴巴地讲故事不能完全吸引她，所以我在讲完之后，还会和女儿进行讨论。每次讨论的时候，女儿都特别兴奋，我常常鼓励女儿说出她自己的观点，这让她更爱读书、听故事了。

现在，我们每个周末都要到西单图书大厦买连环画，每个晚上都成了女儿的读书时间。

方法二：调动女儿的读书兴趣

爱因斯坦曾经说过："兴趣是最好的老师。"要想培养女孩读书的爱好，首先要让她们对读书产生兴趣。下面几个场景中的父母所讲的小方法就不错，都是让女孩对读书产生兴趣的好方法，非常值得一试。

场景一：我总想培养女儿读书的爱好，但是一直找不到好的方法。有一次，5 岁的女儿问我："妈妈，为什么下雨的时候会打雷啊？"我没有告诉她答案，而是对她说："你可以看一下《十万个为什么》啊，那里面有你想知道的答案。"当时女儿没有在意，但是每次她问问题的时候，我都告诉她书里面有答案，她开始对读书产生了兴趣。

场景二：我 4 岁的女儿十分喜欢看动画片，像什么《喜羊羊与灰太狼》《哆啦 A 梦》《百变小樱》，简直看不够。每次她对卡通片着迷的时候，我都会给她买来相关的连环画，不用我推荐介绍，女儿就看得十分入迷。老公打趣我说："你倒省事，让电视当你的代言人了。"

场景三：女儿今年 4 岁，每天晚上都十分吵闹，让全家人不得安宁。有一天晚上，我对女儿说："你别闹了，让妈妈给你讲故事吧。"没想到她还真不闹了。从那以后，我每天晚上都给她讲《皮皮鲁与鲁西西》的故事。每次讲到高潮部分，我都告诉她明天再讲。就这样，每天晚上听故事成了女儿最期盼的事情，有时候她还央求我："妈妈，再多讲一点儿嘛。"后来，我就鼓励女儿自己看连环画，并且教她认一些简单的字。慢慢地，女儿对读书越来越感兴趣，简直成了一个小书迷。我认为，让孩子热爱阅读，可以从讲故事做起。

方法三：让爱读书的小伙伴影响女儿

妈妈给 10 岁的西西买了很多课外读物，但是西西对读书一点儿也不感兴趣。有一次，同事的女儿林岚来家里做客，林岚非常喜欢读书，她给西西讲了不少有趣的故事，两个人聊得眉飞色舞，几乎笑翻了天。林岚一走，西西就开始翻阅妈妈给她买的课外书了。

孩子们相互间的影响是非常大的，甚至远远超过了大人对她们的影响。所以，当女孩不喜欢读书时，可以鼓励女孩和那些爱读书的孩子交朋友，让那些爱读书的小伙伴来感染她，从而让她也逐渐爱上读书。

方法四：为女儿选择合适的书籍

对于年幼的孩子来说，读书的首要目的是为了快乐，而不是为了获取知识。所以，父母要学会为他们选择合适的书籍，激发他们阅读的兴趣，从而喜欢上读书。当然，孩子在不同的年龄阶段会喜欢不同的图书，而且每个人喜欢的图书种类也不尽相同。

第22招

培养女孩的表演能力

养育真经

表演是提高女孩语言表达能力的良好方式，而且表演还需要配上适当的表情和动作，有时还需要一定的感情渲染，这对于女孩其他能力的培养也起到重要作用。所以，父母千万不要压抑女孩的表演欲。

大部分女孩子都具有天生的表演欲，这从她们很小的时候就喜欢玩过家家游戏就可以看出来。有时你看到一个小女孩在喃喃自语，指手画脚，可能她正在分工饰演童话故事里的不同角色。

不要以为那些在舞台上的表演才是表演，对于小女孩来说，凡是通过语言、肢体来表达故事、想法和心情的，都可以称为表演。当小女孩开始模仿身边事物、表达自己内心时，她们会获得对身体更好的控制力，会更加细心观察周边世界，更加了解情绪是怎么回事，也会对分工协作有直观深刻的理解。所以，我们应该多给女儿创造表演环境，让她去体验不同的人生。

不过，很多父母会这样无奈地表示：

“我们家女儿虽然有很强的表演欲望，但是她太害羞了，从不敢在众人面前表演。”

“女儿平时在家排练得好好的节目，结果一到公共场合，就止步不前，像个木头人似的。”

…………

父母们的确会遇到这样的状况，因为女孩子虽然有很强的表演欲望，但她们面对舞台和观众还是会紧张和不安。要改变女孩这种害羞的性格，让她愿意在生人面前表演，父母可以这样做：

1. 接受女儿有害羞毛病的事实。女孩到了三四岁已经会表达自己的想法，她早已经是个独立的个体，因此，她有权利让自己展现出任何一种状态。父母千万不要因为女儿不听你的话，就对她大发雷霆，这样她会更退缩。

2. 不要当着女儿的面议论她的害羞，说她不好意思在人前表演，否则她会认为自己就这样了，更不愿意改了。

3. 父母可以鼓励女儿表演，甚至可以参与女儿的表演，让女儿敢于在陌生人面前表演。

4. 不要勉强女儿在人前表演，她有权利选择“罢演”。

5. 每次女儿表演完后，父母都要带头给予掌声鼓励，让她感到自己的行为被肯定和欢迎，进而增强自信心，减少胆怯和害羞，相信过段时间，她就会在人前表演了。

除此之外，还有其他一些方法：

方法一：日常生活中给予女孩合适的模仿机会

女孩最简单的表演时机可以是任何时间、任何地点，家里、小区的街心花园里、校园里，而父母是女儿表演时最好的观众。

父母可带领女儿观察，激发她的模仿能力。表演的第一步，激发女儿的模仿能力，让孩子能抓到事物的特征，培养孩了的观察能力。比如可以带女儿去逛超市，带她留意收银员、保安的动作和话语，用提示性的语言将女儿的注意力集中到事物的特点上。女儿记住后，往往会出其不意地展现出她的模仿才华。

父母千万不要以表演作为炫耀的资本，许多父母喜欢让自己的女儿在众多亲戚朋友面前表演，并非是件坏事，但是如果女儿不愿意，也不要勉强。父母首先要调整自己的心态，不能将女儿的表演天分作为一种炫耀的资本，否则会在无形之中给女儿带去压力，让她排斥表演，深藏天分。

方法二：条件许可下，给予女儿专业的表演环境

有一位母亲的教育经验是这样的：

女儿邈邈很早就表现出了表演能力，她能很快地抓住一个人的特点，进行模仿，而且还会记住电视剧、相声或者小品的情节段落，表演给大家看。我觉得女儿可以在表演方面继续进修，所以送她进了一家少儿艺术表演班，让她接受更专业更系统的表演训练。我不知道女儿以后会不会想当演员，但我觉得既然女儿有这方面的天赋，我就应该为她创造条件，让她充分发挥出自己的天赋和能力。

如果你想让女孩更加具有想象力或是你发现了女儿有很强的表演欲望，专业的早教中心能为女孩创造百变的表演环境。当然，这并不是说将你的女儿变成专业的演员，而是给予女孩更多的体验机会，激发她们的想象力和创造力。

第四章

注重情商培养

让女孩获得愉快心境和完美人生

情商，是指一个人的情绪智力。情商代表一个人自我情绪管理以及管理他人情绪的能力指数。一个女孩情商越高，对事情的驾驭能力就越强，成功的几率也就越大。情商有高低之分，可以通过后天的培养和磨炼获得提高。因此，父母养育女孩的关键就是采用科学正确的教育方法努力提高女孩的情商。

第 23 招

及时纠正女孩的浮躁情绪

养育真经

一般来说，情绪浮躁的女孩做起事情来都比较盲目，缺乏思考和计划，无法集中精力，缺乏毅力和恒心，急于求成，不肯脚踏实地地去学习和做事。因此，父母必须及时纠正女孩的浮躁情绪。

浮躁的人，做事无恒心，见异思迁，不安分守己，总想投机取巧，而且一般脾气大。

在学习和生活中，很多女孩显得心神不定，做事难以专心；轻浮急躁，行动盲目；急功近利，整天幻想“天上掉馅饼”；没有耐性，缺乏恒心和毅力；急于求成，见异思迁；没有脚踏实地的艰苦奋斗精神，却充满着侥幸成功的奢望……如有的女孩看到歌星挣大钱，就想当歌星；看到企业家、老板神气，又想当企业家、老板，但就是不愿意为了实现自己的理想而努力学习。还有的女孩兴趣爱好转换极快，做什么事都是三分钟热度，三天打鱼两天晒网，忽冷忽热，这样下去终将一事无成。

一般来说，女孩的浮躁心理通常表现为“想不到”“坐不住”“听不进”“管不牢”“忙不停”“长不了”等。

想不到：在自己支配的时间内，不知道该做什么，不知道先做什么后做什么，甚至手足无措，一会儿看看这本书，一会儿看看另一本；

坐不住：在课堂上找各种借口挪位子，或是东张西望，交头接耳；

听不进：对课堂上老师讲的知识无兴趣，或自搞一套，或哈欠连天，根本不管老师讲什么；

管不牢：废话连篇，管不住自己的嘴；

忙不停：兴头上来时，马上动手去做，乱忙一气，希望“快刀斩乱麻”，一下子把事做完，却常常忙中出乱，甚至殃及他人；

长不了：在老师批评之后或考试后，短时间内能意识到自己的错误和不足，也能付出一定的努力，但几天之后，依然故我，虎头蛇尾，不了了之。

如果上述这些浮躁心理不及时纠正，势必影响女孩的健康，造成生理功能紊乱、神经紊乱、睡眠障碍、心理紧张、烦恼、易怒、降低注意力和思维能力等。

那么造成女孩心情浮躁的原因有哪些呢？一般来说，内部原因有关个体的神经类型、人格特征、个人认知；外部原因主要是社会环境、家庭教育和学校教育对孩子的影响。浮躁心理很容易使女孩失去自我，随波逐流、盲目行动。

那么父母如何帮助女孩克服浮躁心理呢？

方法一：告诉女孩做事情一定要认真

毛主席曾说过，世界上怕就怕认真二字。如果我们的孩子能安下心来认真做一件事情，就没有做不好的。

认真对于孩子来说是一种能力，一种聚精会神的能力，是深入一件事情和彻底弄透一件事情的能力，也是时时刻刻全力以赴学习的能力。我们在教育女孩时,不能只相信孩子说“学会了”“听懂了”，而是让孩子真正做出来、表现出来，才是真正地会了、懂了。

孙丽参加学校绘画兴趣小组，没学几天觉得书法最流行，于是改学书法；过不久又感觉书法太难，想学一点轻松的，就上剪纸班；但剪纸又太烦琐，于是转学钢琴……孙丽不断地换班，始终没有静静地坐下来专心学好一门本领，一学期结束，孙丽发现自己什么也没有学会。

孩子一浮躁就静不下心来，就不能专心致志地学习，一会儿想做这件事情，一会儿又想做那件事情，结果任何事都是蜻蜓点水、浮光掠影，一点儿也不踏实。其实，现实生活中像孙丽这样的女孩子有很多，她们不愿实干，只喜欢幻想，结果导致心绪不宁、烦躁不安，只想不做或者想得多做得少，到头来一无所获。

方法二：有意识地培养女孩专注做事的习惯

著名音乐家傅聪成名前在英国留学，有一段时间感到莫名的烦躁，静不下心来学习。父亲傅雷听说后，给他去了一封信，信中告诫他要经得住外界花花绿绿的诱惑，要沉下心来，坐得住冷板凳，才能保证心灵的通道畅通无阻，才能让知识直抵内心和脑海。傅聪接受了父亲的教诲，终于安下心来学习。

有一位父亲的教育经验是这样的：

女儿在家复习功课的时候，老是喜欢东瞅瞅西摸摸，一会儿上厕所，一会儿喝水，一副“身在曹营心在汉”的样子。当她发现我盯着她时，她才乖乖地低下头，但又盯着手中的复习资料发呆。于是，我特地走到女儿身旁，轻轻地告诉她，待会儿我想要看看女儿复习的效果如何，相信女儿不会让我失望的。接下来，女儿一鼓作气，心无旁骛，专注复习了。

女孩子活泼好动，注意力不集中时，父母就要从训练她们注意力的持久性入手，有意识地培养她们专注做事的习惯。同时，父母尽量创造一个良好的环境，避免女孩注意力分散。例如应尽可能避免一切外来干扰，当孩子在学习时，要把电视、电脑、手机等可控制的干扰因素关闭，为女儿提供一个安静的学习环境。另外，当女儿要求独自玩游戏时，在没有危险的情况下，父母不要进行干预，过多的干预会影响女孩的专注力。

第24招

别让女孩被愤怒淹没

养育真经

愤怒是一种很正常的情绪，父母不应该压制或否认它。不过，如果女孩乱发脾气或者因为愤怒发生过激行为，父母就要引起重视，因为这种燃烧过剩的愤怒很可能会让女孩做出不理智的事情，甚至对自己和他人造成伤害。

愤怒是一种强烈的情绪，会在体内堆积，导致注意力不集中、行为失去理智，甚至罹患一些疾病。因此，不论女孩为何事因何人生气，都需要让她们知道如何将愤怒、不满从心中释放出去。

小华是个两岁的小女孩，喜欢跟小朋友玩，但也时常跟小朋友争斗。这一天，为了争抢玩具，她咬了小朋友一口，妈妈很生气地对她说："妈妈已经跟你说过多次，不可以咬人。现在你又犯错误了，不能跟小朋友玩了，回到你自己的房间去安静一会儿。"小华大叫一声："不！"妈妈不为所动，强行把她抱到房间里，让她坐在垫子上3分钟才可以再出来。3分钟之后，妈妈去看小华，发现她正在使劲地用手揪布兔子的耳朵，上面还有牙咬的印子。这让妈妈很吃惊，没想到女儿用这种方式来发泄自己的愤怒，一时不知怎么办好了。

其实，愤怒情绪是小孩子一种很正常的情绪。就拿上述事例中的小华来说，她因为被母亲批评所以感到愤怒。科学研究早就发现，孩子一出生就有4种基本情绪：快乐、恐惧、愤怒和悲哀。愤怒是需求和愿望不能实现或者目的不能达到时引起的一种激动、紧张和不愉快的情绪体验。在这4种基本情绪中，愤怒出现得较早、较频繁，当孩子的生理需要没有被满足、身体活动受到限制时，当他的愿望不被理解以致无法实现时，都会产生愤怒。随着孩子渐渐长大，他的需求越来越多，引起愤怒的原因更多地体现为高级心理需求得不到满足，例如身心不舒服、没履行诺言、权利被剥夺、自尊心受挫等。

愤怒的情绪是女孩天生就有的，但女孩愤怒时的情绪激动程度是不一样的。因此，要安抚女孩的愤怒情绪，所采取的方式和所需要的时间也不一样。有的女孩很容易被激怒，一触即发；有的女孩把愤怒压在心底，却在别处发泄；有的女孩容易接受大人的安抚，很快安静下来；有的女孩却过了很长时间还在生气，也不肯接受大人的帮助。

总之，调节愤怒情绪的能力能集中地反映女孩的心理素质，影响她的人际关系。不仅如此，愤怒情绪还影响女孩的身体健康。因此，父母应该想办法引导女儿发泄愤怒。

方法一：让女儿把愤怒写在便条上

丽丽的妈妈规定当丽丽感到愤怒或委屈的时候，可以在手纸或纸巾上写下只给自己看的愤怒反击的话，或者在浴室的台子上或任何能暂时独处的地方写下这类的话。例如有一次丽丽和好友吵架，她心中十分愤怒，但在外边没有表现出来，所以，一回到家，她就在自己的房间里写下："安娜，你今天真是太过分了，我都想狠狠地踢你屁股。"而当丽丽愤怒情绪平稳之后，她再看自己写的那张纸条，竟觉得自己有点好笑，现在来看那真不是一件应该导致自己情绪不好的事情。

其实，我们就应该像丽丽的妈妈那样，告诉自己的女儿，既然选择一个别人无法看到她写的内容的地方，那么她完全可以表达自己的愤怒。不过，当女儿愤怒地写下此类话，甚至有些是咒骂、自己看着都脸红的话时，我们要告诉女儿处理这类便条的方法之一是要撕掉它们，或者让抽水马桶带走这些“可恶的敌人”。

方法二：让女儿过分愤怒时哭出来

父母们大多有这样的体验：当女儿还是婴幼儿时，一听到她的哭声或看到她的泪水，自己便会冲到孩子身边哄逗她，这是意料之中的。科学研究发现，在出生后的第一年中，一哭闹便被父母抱起的孩子，在以后的人生中比较不易被琐事困扰。

其实，哭对女孩来说是很有好处的。哭泣使人体产生一种令人放松的化学物质，可促进体内毒素释放，降低紧张程度，从而改善体内的生物化学环境，这是人们大哭一场后常常觉得心情舒畅的一个原因。

当女儿哭泣时，父母应给女儿一个安慰的拥抱或者抚慰。假如女儿冲进自己的卧室并关上了房门哭泣，这时你最好不要去安慰她，让女儿自己静一会儿。过几分钟，你再轻敲房门，去安慰女儿，了解她哭泣的原因。这些做法都有助于女孩降低自己的愤怒情绪，用眼泪发泄出心中郁积的不满。

第 25 招

改造任性女，让她拥有好脾气

养育真经

因为父母的娇生惯养，很多女孩养成了骄纵任性的性格，稍不如意就耍公主脾气。殊不知，这样的女孩长大后，很难融入社会，导致人生和事业都会受到影响。父母应该尊重女儿，但是也不能过分迁就，这样才能让女儿不骄纵、不任性。

煜婷今年 10 岁，是一个非常任性的小女孩。在家里，爸爸妈妈什么事都要依着她，要不然她就会没完没了地吵闹下去。因为每天都长时间看电视，煜婷的眼睛有些近视，妈妈劝她多休息少看电视，她随口就说："我想看就看，你们不用管！"前两天家里来了客人，妈妈做好饭后，让爸爸和客人先吃，把煜婷放到了后面。这下煜婷不高兴了，当着客人的面就摔了筷子，气得妈妈直跺脚："你这孩子太任性了，真是快把我气死了！"

从心理学角度来说，孩子的年纪小，心智发育不成熟，对很多事情都缺乏判断能力，所以多多少少都会有些任性。当他们的要求得不到满足时，他们会用哭闹、摔东西、在地上打滚等方式来表达自己的不满情绪。可以说，任性在某种程度上是孩子的普遍现象。

但是如果我们放纵孩子的话，很可能对孩子的性格造成消极的影响，甚至会影响到他们长大后事业的成功，因为一个任性的人很难和他人进行友好的合作和协商，而往往把自己放在中心位置。

随着独生子女的增多，很多孩子都有些任性。尤其是一些小女孩，平时被爸爸妈妈爷爷奶奶娇惯着，稍不如意就要公主脾气，完全是一副刁蛮公主的派头。

孩子骄纵任性的性格主要与以下因素有关：

1. 父母过分的娇惯和迁就。在很多家庭中，父母都把孩子放在中心位置，在孩子提出不合理要求时，父母也不忍心拒绝他们，而是放任、迁就他们。慢慢地，孩子就会形成骄纵任性的心理以及行为定式。

2. 孩子对他人的模仿。当几个孩子在一起时，如果一个孩子出现了任性的表现并且取得了不错的“战果”，其他孩子就会进行模仿。

3. 父母对孩子不尊重，粗暴地对待孩子。有些父母对孩子要求非常高，孩子无论怎么努力都达不到父母的要求，慢慢地，孩子会产生逆反心理，从而变得任性起来。还有些父母动不动就斥责自己的孩子，孩子为了保全自己的面子，从而产生任性、对抗的行为。

对于父母来说，谁也不希望自己的女儿成为刁蛮、任性的“小公主”，最后连一个朋友也交不到。所以，当女儿产生任性心理时，我们要及早发现，并给予适当的引导。这样，才能让她们远离骄纵任性。

现在很多女孩都十分任性，连父母的话都不听。这时候，父母应该怎样做呢？

方法一：教育女儿分清是非，不要骄纵任性

妈妈带5岁的女儿到超市买东西，看到一个小男孩因为爸爸没有答应他的要求，正趴在地上打滚。妈妈对女儿说：“好孩子不应该骄纵任性，你看这个小男孩又哭又闹，大家都在看他，多不好啊！”

很多时候，孩子的骄纵任性是和其他同伴学来的。当他们看到同伴用哭闹的方式逼迫爸爸妈妈满足了自己的要求，自己也会使用同样的方法。所以，我们应该让孩子分清是非，并对任性产生排斥心理，这样，他们就不会模仿同伴了。

方法二：父母不要过分迁就自己的女儿

现在大多数的孩子都是独生子女，而且在人们心目中，小女孩更需要父母的关心和疼爱，所以很多父母过分娇惯和迁就自己的女儿,即使她们提出一些不合理的要求也答应。正是这种无原则的迁就，让女儿形成了骄纵任性的心理。在教育女儿时，父母应该和她们约定原则：当女儿有了某种要求时，应该和父母讲道理，而不是用哭闹的方式逼父母“就范”；如果女儿不同意父母的意见，可以和父母进行讨论，也可以请其他家庭成员发表看法，但是不能发脾气、耍小性子。

方法三：不能一方批评女儿，而另一方袒护女儿

5岁的嘉佑看到同伴都在吃口香糖,也让爸爸给自己买。爸爸说：“口香糖不适合小孩子吃，爸爸不能给你买。”嘉佑一看爸爸拒绝了自己的要求，马上趴在地上打起滚来。看到女儿如此任性，爸爸也生气了：“你这孩子怎么这么任性，快点儿起来！”因为听到了嘉佑的哭声，爷爷奶奶赶忙走了过来，非常心疼地扶起孙女，安慰嘉佑说：“宝贝孙女想买什么？爷爷奶奶给你买。”爷爷还有些生气地对爸爸说：“你说你这么大人了跟孩子怄什么气，真是的。”

当孩子受到批评时，往往有人偏袒他们。有时候是爸爸批评妈妈护着，有时候是爸爸妈妈批评爷爷奶奶护着。久而久之，孩子感觉自己有了靠山，就会越来越任性。所以，家长在教育孩子方面应该保持一致性。尤其是爷爷奶奶,在孩子的父母批评孩子时不能偏袒、干涉，即使意见不一致，也应该避开孩子去商量。

方法四：尊重女儿，让她们多和朋友交流

父母的苛求和责骂也会让孩子形成骄纵任性的性格。所以，我们应该尊重自己的女儿，为她们营造一个宽松的家庭氛围。另外，随着居住环境的进一步改善，现在很多孩子生活在高楼里面，没有机会和他人进行交流。这也在某种程度上让她们形成唯我独尊、骄纵任性的个性。所以，我们应该鼓励女儿多交朋友，学会和他人相处。

第 26 招

别让嫉妒污染了女孩的生活

养育真经

嫉妒是一种消极的心态，不仅会破坏人际关系，甚至还会因为攻击情绪的发泄而酿成悲剧。父母应该培养女儿正确的竞争意识，让女儿客观地看待自己，远离嫉妒，拥有宽广的胸怀。

婧琪今年 10 岁，上小学三年级，是一个聪明伶俐、人见人爱的小女孩。但是婧琪的好胜心特别强，什么事都不允许别人比自己强，否则就会非常生气。

有一次，爸爸带婧琪到邻居家玩。邻居家的孩子鑫明喜欢画画，墙上贴满了他的作品。爸爸看了一会儿鑫明的画作后，对婧琪说："你看小弟弟画得多好，你以后要向他学习。"婧琪听了这话，当时就不高兴了，拉着脸说："画成这样还算好啊，还不如我呢！"当时，邻居就站在两个人身边，弄得爸爸十分尴尬。

好胜，是一种正常的心态，它能让人不甘落后、不断取得进步。但是如果一个人好胜心特别强并且见不得别人比自己好的话，就变成了嫉妒，造成一种非正常的心理状态。

对于孩子来说，由于他们年纪小，很难控制自己的情绪，所以很容易产生嫉妒心理。尤其是一些小女孩，她们比较感性，也非常看重得失，所以嫉妒心更强烈。在现实中，很多女孩在容貌、衣着、学习成绩等方面处处和别人做比较，看到别人比自己强就不高兴，或者在背地里否定、诋毁别人，这都是嫉妒心在作祟。

嫉妒是一种消极的心态，它会破坏人际关系、伤害人与人之间的感情，甚至还会因为攻击情绪的发泄而酿成悲剧。孩子的嫉妒心强，在伤害别人的同时，也在拿别人的优点折磨自己的内心，使自己难以摆脱怨恨、愤懑、沮丧、自责等消极情绪，甚至丧失自信和前进的动力。

其实，从某种意义上讲，忌妒是人类与生俱来的一种品行，也是人性中固有的弱点，孩子有这样的心理也是很正常的。但是我们应该正确引导孩子，让她们走出嫉妒的漩涡。如果让她们把这种心态带到成年，她们就很难协调与他人的关系，在生活中也很难保持心情舒畅。所以，我们要对女儿进行正确引导，培养她们宽阔的胸怀。

那么，孩子形成嫉妒心理和哪些因素有关呢？

1. 孩子能力较强。一些优秀的孩子，会因为常常得到父母或老师的肯定、夸奖而形成一种惯性。如果偶尔没有受到父母或者老师的重视，便容易产生失落感，从而去嫉妒别的孩子。

2. 孩子占有欲非常强。很多孩子都是独生子女，由于父母的娇生惯养，很多孩子的占有欲非常强烈。当一件玩具或者一些食物发放不公时，他们也容易燃起嫉妒之火。

3. 孩子在某方面有缺陷或者表现不如别人。当一个孩子感觉自己处处不如别人的时候，他很容易产生自卑的心理。这种自卑的心理让他愤愤不平，进而发展成为嫉妒心理。

4. 父母不恰当的教育方式。有些父母习惯拿自己的孩子和别人的孩子进行比较，当自己的孩子不如别人的时候，则数落、责骂他。

这样做会打击孩子的自信心，让孩子产生自卑的心理。时间长了，孩子会变得心胸狭窄，时时表现出对别人的不服气。

5. 父母错误的引导。当着孩子的面议论成人之间的猜疑，贬低别人，会在无形中影响到孩子的心理健康，让孩子产生嫉妒心理。

从上面可以看出，让女孩形成嫉妒心理的因素是非常多的。父母应该找出其中的原因，并对症下药。下面几个方法可以让女孩改掉嫉妒的毛病。

方法一：避免拿女儿和其他孩子进行比较

美国网坛名将威廉姆斯姐妹在年纪上仅仅相差两岁，从小就一起参加训练。但是她们的父亲从来没让两个人打过比赛,因为他明白，有比赛就会有输赢。他不希望姐妹中的任何一方在对方面前产生优越感或者挫败感，他更不希望两个人彼此嫉妒，心生不合。

很多父母常常对孩子说："你看某某家的孩子多出色，你要多向他学习。"父母只是想给孩子树立一个良好的榜样，殊不知会给孩子造成一定的心理伤害。孩子是非常敏感的，当父母拿他们和别的孩子做比较并且指出他们的不足时，他们会产生一种强烈的挫败感。慢慢地，他们会对那些表现好的孩子产生嫉妒心理，因为那些孩子比自己更出色，也更能得到自己父母的喜欢。

拿自己的孩子和别人的孩子做比较是一件没有意义的事，它不能让孩子取得进步，还会在一定程度上伤害到孩子。所以，我们要尽量避免拿女儿和其他孩子进行比较。

方法二：承认并接受女儿的感受

嫉妒是人之常情，也是人性中固有的弱点。只是和成人相比，孩子的嫉妒更直接。所以，当孩子表现出嫉妒的感受时，我们不要马上站出来否定孩子，而是应该承认并接受孩子的心理感受。

妈妈带 3 岁的女儿到朋友家做客，看到朋友的孩子十分可爱便抱了起来。这下女儿不满意了，上前去推朋友家的孩子。这时，妈妈可以对女儿说：“你不喜欢妈妈抱别的孩子，是吗？”当孩子的情绪得到父母的认可后，他们的愤怒和不满就会减弱，那种嫉妒的心态也会得到缓和和控制。

方法三：引导女儿形成正确的竞争意识

有嫉妒心理的孩子好胜心一般都很强。所以，我们要引导和教育女儿用自己的努力和实际能力去和别人竞争，而不是用不正当、不光彩的方法和手段去获得胜利。这样才能把女儿的好胜心引向积极的方向，也能让她们远离嫉妒的深渊。

方法四：让女儿全面客观地看待自己

很多孩子产生嫉妒的心理是因为他们不能全面地看问题，或者认为自己的能力较强，应该得到更多的关注和重视；或者认为自己不如别人，从而产生自卑心理。孩子的年纪小，不能给自己进行正确的评价是正常的，这就要求我们在和孩子相处的过程中，帮孩子认识自己的优点和缺点。当孩子能够客观地看待自己时，就不会再被嫉妒的心理所左右了。

第27招

帮助女儿从负面情绪中解放出来

养育真经

忧虑、紧张、焦躁、愤怒、沮丧、悲伤、痛苦等情绪都可以称之为负面情绪，这些负面情绪会影响女孩的身心健康，干扰女孩的生活和学习。因此，父母必须帮助女儿从负面情绪中解脱出来。

一位母亲在网络日志中记录了这样一件事情：

一天夜晚，女儿和我躺在床上聊天。小家伙突然问我："妈妈，人老了会不会死呀？"我如实地回答："会呀，每个人老了都会死。有一天，妈妈也会死啊！"此时，女儿突然有些颤抖地抱住我说："妈妈，我不想让你死，你再老我都不让你死。"我感觉出女儿似乎有些伤心和害怕，于是赶紧安慰她说："傻丫头，没事的，妈妈会永远陪着你。"

可女儿还是很伤心地对我说："妈妈，我不让你死，我希望你永远不会老。我不想长大，只要我不长大，妈妈就不会老，就会一直陪着我。"说完，她更加紧紧依靠着我。

我的心被女儿稚嫩而真挚的话语所感动，一边温柔地安慰女儿：

“宝贝，妈妈会一直陪在你身边。”一边在心里暗自担忧起来：这丫头如此多愁善感，以后步入社会的话该怎么办呢？……

感情丰富的女孩心思本就比男孩细腻、敏感，这也让她们在捕捉生活中的美感方面具有一定的优势，但有些小女孩太过多愁善感，太容易被负面情绪所影响。例如有时看到枯萎的花朵或者听到一个伤心的故事，她就要痛哭忧愁半天，这其实是一种不好的倾向。

那么何为负面情绪呢？紧张、焦虑、沮丧、愤怒、悲伤、痛苦等情绪在心理学上都统称为负面情绪。而这些负面情绪是消极的，会给女孩的身体带来不适，严重影响女孩的生活、学习和身心健康，甚至由于累积的负面情绪得不到合理释放而让女孩产生暴力倾向。可见，及时帮助女孩从负面情绪中解脱出来是多么重要。因此，我们一旦发现女儿有了焦躁、忧愁、悲观等负面情绪时，就要采取正确的方法引导她们排解和发泄出这些负面情绪，教会她们如何坚强、自信、乐观地面对不好的事情。

方法一：教女孩转移负面情绪

15 岁的月月周末陪妈妈去看了一场电影。电影讲述的是一个很忧伤的故事，结果多愁善感的月月好长时间都不能平复自己的心情，脸上总有一种忧愁的神情。月月的爸爸知道后，开始转移月月的注意力。他知道女儿非常喜欢芭蕾，便问她：“听说，你前两天和朋友去大剧院看了芭蕾舞专场，那个演出怎么样，是不是很精彩？快和爸爸讲一讲，有没有特别优美的片段？”女儿一听爸爸聊起了芭蕾，顿时也来了兴致，便忘记了那个忧伤的电影。

很多时候女孩由于遇到某件事情或看到某个画面而产生一些诸如悲伤等不良情绪。父母如果不及时帮助她从这种不良情绪中解脱出来，她可能会一直沉浸在这种消极、悲伤之中，并且越陷越深。所以，当女孩突然沉浸在负面情绪中时，如突然发脾气、莫名其妙地哭泣和抑郁，父母就要想办法把她的注意力转到那些有趣、开心的事情上去，以便让女孩能迅速地从那些负面情绪中解脱出来。等到女孩情绪高涨时，我们再帮助她一一分析和解决。

方法二：父母要接纳女儿的负面情绪

无论是成人还是孩子，都有情绪高涨和情绪低落的时候，尤其是天生敏感脆弱的女孩子。例如有时，你不知道女儿为什么突然哭了起来，明明没有任何人欺负她，可她却显得很委屈。如果这时你认为女儿是在无理取闹，那么你错了。世界上没有任何缘由就无理取闹的孩子，一定是有一件事情导致她负面情绪的产生，只是粗心的你没有发现。

如果父母在女儿表现出负面情绪时选择漠视或者批评、不理解，那么这无疑是对女孩负面情绪的否认。这样非但不会使女孩负面情绪消失，反而会助长女孩的压抑和否认，进而对其身心造成伤害。

当然，作为父母的你看到女儿消极、自卑、浮躁，心里自然非常着急和生气，即使你深深爱着自己的女儿，但也忍不住对她否定、责备，可是这样只会让女儿忽略你讲话的内容，而只关注你的情绪。所以，父母不妨学会先冷静自己，进而接纳女儿的负面情绪，允许女儿自由表达。

方法三：正确引导女孩的发泄方式

妈妈给女儿报了一个舞蹈班，女儿刚上了一天课就气呼呼地对妈妈说："那个舞蹈老师真讨厌，她说我身体太胖，不适合学习舞蹈。"妈妈一听也生气了："她怎么能这样说呢，我现在就去打电话让她给你赔礼道歉。"对于妈妈的"打抱不平"，女儿不仅没有领情，反而把火气发到了妈妈身上："谁让你多管闲事！"说完走进自己的房间，"砰"的一声把房门关上了，只留下妈妈站在原地发呆。

很多父母都会发现，女孩的心事真的很难猜，自己明明是想帮她，她不仅不领情，反而把火气发到自己身上。就像上文中的妈妈一样，她本来是想帮女儿打抱不平，结果却让女儿摔门而去。

这样的情况是由于我们没识别女孩情绪的表达方式所致。很多时候，女儿向我们诉说、抱怨，并不是想得到我们的指点和帮助，她们只是想找一个人倾听，发泄一下心中的不满而已。

当然，除此之外，父母还要为女儿营造一种轻松、快乐的家庭氛围。如果一个女孩她从小生活在一种轻松、快乐、积极的家庭氛围之中，那么一定会变得积极、乐观；反之，如果一个女孩从小生活在负面情绪层出不穷的家庭氛围之中，她也一定常被负面情绪侵扰。

所以，面对我们易被负面情绪感染的女孩们，父母应多给她们一些爱与关注，满足她们对父母爱的需求。同时，父母应尽力为女孩们营造一种温馨快乐的家庭氛围，以便让她们天天生活在快乐之中，时刻都能与微笑、欢乐做伴。

第 28 招

让女儿拥有一颗宽容心

养育真经

宽容是一种非常珍贵的品格，对于女孩的个性健康发展有着非常重要的作用。那些拥有宽容之心的孩子一般都心地善良，性情比较温和，让人一看就喜欢；相反，那些缺乏宽容的孩子往往性情冷漠，有的甚至会走极端，人际关系也常常比较差。女孩在这方面体现得尤为明显。

有这样一个真实的故事：

一天，在一个非常著名的度假村，工作人员带着很多孩子在广场上做游戏。等到游戏结束之后，工作人员就把这些孩子带往他们各自父母的身边。但由于孩子太多，工作人员一时疏忽，竟然将一个小女孩留在了广场。等到这名工作人员发现孩子人数不对，急忙赶回广场接孩子，那名小女孩由于一个人待在偏远的广场，饱受惊吓，大哭不止。

工作人员满脸歉意地安慰着小女孩，这时，小女孩的妈妈也焦急地赶了过来。只见这位妈妈蹲下来安慰自己哭泣的女儿，并告诉她："宝贝，已经没事了。你看，那位姐姐因为找不到你而非常难过，她不是故意的。好了，去亲亲那位姐姐的脸颊，安慰她一下！”于是，这个只有 4 岁的小女孩踮起脚尖，轻轻地亲吻了一下她身旁那位工作人员的脸颊，并温柔地告诉她：“姐姐，别怕，已经没事了！”

如果你是这位小女孩的妈妈，你会怎么做呢？是劈头盖脸地痛骂失职的工作人员，还是直接向度假村的领导抗议，或者是异常愤怒地带女儿离开，并打算以后再也不来这家度假村了？

莎士比亚曾经说过：“宽容就像天上的细雨滋润着大地。它赐福于宽容的人，也赐福于被宽容的人。”因此，作为父母，我们必须教女孩学会宽容和谅解。因为宽容不但是一种优秀的品德，也是一种能力，能够把人们心中的愤怒和仇恨“挤走”。宽容更是一种处世智慧，当我们的女孩学会了宽容，她就有了很好的人际关系，而这也必将带给女孩更多的快乐和朋友。

不过，社会的一些舆论常认为女孩子比男孩子心胸狭窄，所以很多时候女孩“小家子气”一些也被看作可原谅的事情。事实上，这对女孩的品德培养是极为不利的。所以，在这样的社会环境中，父母更应该积极地培养女孩宽容大度的品德。

方法一：让女孩学会换位思考

一位爸爸这样说起自己的育女经验：

有一次，我给女儿买了一本《米老鼠》杂志。本来早上她高高兴兴地拿着去上学了，可是放学之后就气呼呼地把自己关进了房间。吃晚饭的时候，见女儿还是一脸不高兴，我就问她是怎么回事。女儿说：“今天下课后，我正在津津有味地看着你给我买的那本《米老鼠》，可是我的同桌小敏起身的时候把整瓶墨水都洒到了我的杂志上。虽然她跟我道歉了，老师也批评了她，但是我还是很生气，我要她赔我的杂志，而且我觉得她是故意的，根本就是嫉妒我！哼！”此时，我非常严肃地对她说：“如果你犯了同样的错误，你的同桌对你大喊大叫，也告诉老师，还让你赔，你舒服吗？”

女儿想了想，不情愿地说：“我……我是有些难受，可做错事的是她，不是我。”我耐心地对女儿说：“世界上没有完美的人，谁都有不小心犯错误的时候。你难道不记得前天我刚买的古董，就让你砸碎了的事情吗？”

这时，女儿不好意思地低下头。接着我又告诉女儿，要宽容、友好地对待他人，不要斤斤计较，尤其是对待自己的同学、朋友，更要大度。就像今天发生的这件事情，女儿当时应该说“没关系”，这样才能成为受大家欢迎的人，成为快乐的人。

这次谈话对女儿的影响很深，从此之后，她逐渐懂得了宽容的含义，并在自己的生活中试着去宽容、理解他人。

所谓换位思考，其实就是指当双方产生问题及矛盾时，能够多站在对方的角度思考问题，进而学着理解对方，减少彼此间不必要的矛盾。现实中，很多小女孩只习惯于从自己的立场出发，而不习惯于站在对方的角度看问题。要消除这种现象，最好的办法就是让女孩学会换位思考，用一颗宽容博大的胸怀去包容他人。

方法二：父母要摆正品德教育观念

实际生活中，我们总会听到有些父母这样对自己的孩子说：“别人要是打你，你就打他。他打你一下，你就打他两下。”甚至还有些父母把孩子欺负其他小朋友当作“勇敢”的表现。于是在这种错误观念的引导下，孩子自然不懂得宽容、理解别人，甚至还会变得对他人抱怨、记恨、仇视。

因此，我们在教育女儿的道德品质时，首先一定要摆正自己的教育观念。要清晰明确地知道，我们培养孩子的目标是把她培养成一个知书达理、宽容大度、谦虚礼貌、有修养的女孩子，而不是一个整日斤斤计较、尖酸刻薄的蛮横女。

另外，父母应该为女儿树立一个良好的榜样，在为人处事上宽容理解别人。这样，女孩才会在潜移默化中学会宽容和理解。

方法三：鼓励女孩多与同伴交往

在一所学校里，有这样两个女孩。女孩A非常普通，是那种走进人群就很容易被淹没的类型。但就是这样一个女孩，却受到很多同学的欢迎。女孩B无论从学习成绩，还是容貌、气质上看，都比女孩A强很多，但她始终不明白，为什么女孩A拥有那么多朋友，无论她走在哪里，都会洒下一路的欢声笑语。

一次偶然的机会，女孩B听到了几个女孩子对自己和女孩A的评价，才意识到自己不受欢迎的原因。那些女孩说："B总是自以为是，我们有一点儿问题，她都不能容忍，总是尖酸刻薄地对待我们，让我们在她面前自惭形秽。可A就不同了，她豁达开朗、宽容大度，跟她在一起是一种快乐和轻松，而不需要处处小心谨慎。"

看了这两个女孩的故事，想必没有父母愿意把自己的女孩培养成B那样的孩子，而是愿意自己的女儿和女孩A一样，能够结交很多的朋友，受到大家的欢迎。

所以，我们应鼓励女孩多和同伴交往，学会多称赞别人的优点、庆贺同伴的成功，不嫉妒、不怨恨，积极帮助有困难的伙伴，采纳他人的合理建议，等等。

第 29 招

打造积极乐观的阳光女孩

养育真经

乐观开朗不仅是一种优秀的性格特征，也是一种积极的生活态度。对于女孩来说，乐观开朗甚至比聪明漂亮更重要。所以，父母要培养女儿乐观开朗的性格，让她们一辈子都快快乐乐，生活在幸福之中。

乐观开朗不仅是一种优秀的性格特征，也是一种积极的生活态度。心理学家研究证明，乐观开朗的人不仅身体更健康、事业更成功，而且会获得更多的幸福感。

对于女孩来说，乐观开朗是一种不可或缺的性格，它甚至比聪明漂亮更重要。看看下面这位母亲是怎样教导自己女儿的：

也许是从她爸爸那里继承来的乐观基因，我女儿是个天生的乐天派，遇到什么事情都往好的方面想。

有一次，我和女儿去秦皇岛旅游，半路上手机、钱包都丢了。当时我就慌了：这可怎么办才好啊，连家都回不了了！女儿当时只有 12 岁，不仅没有慌张，还安慰我说："妈妈你别着急，捡到钱包的好心人一定会把钱包还给咱们的。"我和女儿在丢钱的地方等了一个多小时，还真是遇到了好心人，把丢失的钱物还给了我们。

因为女儿的乐观开朗，她的同学们都愿意和她做朋友。开始，我还觉得奇怪：女儿学习成绩一般，长相也不是非常出众，为什么这么多孩子都喜欢和她一起玩呢？有一次，我私下里问女儿的朋友：“你们为什么喜欢和雨婷在一起呢？”她们给出了各种各样的答案：“婷婷特别阳光”“和婷婷在一起感觉特别快乐”“婷婷爱笑”“婷婷在遇到困难的时候不慌张，会安慰我们”……

在以前，我常常嘲笑老公：“就知道天天笑，也不知道哪有这么多让你开心的事。”现在，我明白了，乐观的人不仅能够自己经常保持心情愉快，还会把快乐传递给别人，让他们也感受到快乐和光明。现在，我常常为自己拥有一个开朗的老公、一个乐观的女儿而感到自豪。

确实是这样，乐观的人总能够保持心情的愉悦，在遇到苦难的时候看到的也是光明和希望，所以他们常常能够获得事业上的成功和人生中的幸福。悲观的人恰恰相反，他们认为好事总是暂时的，坏事才是必然的，所以常常感到悲观、失望、挫败，进而在事业上无法取得成功，更得不到人生中的幸福和快乐。

所以，为了我们的小公主能够一生幸福、一生快乐，我们必须给予正确的引导，让她做一个乐观开朗的孩子。

一个人是乐观还是悲观，和生活环境有着很大的关系。作为女孩的父母，一定要给她营造一个快乐、温馨的成长氛围，这样更有利于其身心健康地成长。

方法一：不要让父母的消极情绪影响女儿

馨雨的爸爸是一家大公司的部门经理，每天都有忙不完的事情，有时候还会受到老板的批评。每天回家，他都会向妻子抱怨：“工作太忙了，我都快累死了。”“每天都要看老板脸色行事，做这份工作真不容易！”“今天又让老板批评了，真不想干这份工作了！”

由于受到爸爸的影响，馨雨小小年纪就学会了唉声叹气。例如每次写作业，她都要抱怨说：“天天都有这么多的作业，我都快累死了，人活着真累啊。”

随着生活压力的增大，父母也会有苦恼、抱怨的时候，但是发泄这些情绪的时候应该尽量避开女儿。前面我们讲过，小女孩非常敏感，而且善于模仿父母。如果我们过多地让女儿幼小的心灵体验到挫败、失望、忧伤、愁苦等负面情绪，她就很容易形成悲观的性格，会以消极的态度来面对生活。所以，父母要学着给女儿做一个良好的榜样，积极乐观地面对生活。

方法二：及时排除对女儿干扰的不良情绪

女儿放学回来，情绪一直不对劲儿，把自己关在房间里不肯出来。

爸爸敲开了女儿的房门，关切地对女儿说：“宝贝女儿，爸爸看你今天心情很不好，能和爸爸说说是怎么回事吗？”

“没什么事。”女儿显然不想和爸爸说。

“爸爸看到宝贝女儿不高兴，心里也非常难受，如果宝贝女儿有什么事需要爸爸帮助，尽管和爸爸说好了。”爸爸装作要退出房间，其实是在等女儿开口说话。

“爸爸，”女儿有些委屈地说，“今天班里竞选班长，我没有连任成功。”

“其实，这两年来，我女儿的班长还是做得相当出色的。以前你们班的学习、卫生成绩都排在学校后几名，现在已经排到学校的第二名了。”

“是啊，要不我怎么会失望呢！”

“其实你也不要伤心失望，在这两年里，你不是也学到了不少管理经验吗？另外还交了不少朋友。只要你在以后的日子里好好表现自己，在下次竞选的时候，一定能够把班长的宝座夺回来的，爸爸相信你有这个实力。”

“嗯。”女儿点了点头，心情好了很多。

和男孩相比，女孩非常敏感，也更容易受到不良情绪的影响。如果长期处于这种消极的情绪之中，很容易形成悲观的性格，甚至造成心理障碍。所以父母要多留心她们的情绪变化，当她们烦恼、忧愁、闷闷不乐的时候，要多和她们聊聊天、谈谈心，让她们把心中的烦恼说出来。这样，烦恼很快就会消失，女儿也会重新快乐起来。

方法三：对待女儿要宽严相济

这里所说的“宽”，指的是对女儿管理方面。如果父母对女儿控制过严，这个不允许那个也不同意，女儿就如锁在笼中的小鸟一般，很难高兴起来。所以，我们要给予女儿一定的选择权，例如在穿衣、吃饭、看电视等方面，我们可以让女儿自己选择。女儿从小就享受到了“民主”，自然会快乐而且自立。

这里所说的“严”，指的是对女儿的物质生活方面。一个普通的女孩，父母只要给她买一个玩具、一件衣服甚至一本书，她都会觉得高兴。而那些物质生活过于优越的女孩，这些东西已经很难让她满足。所以，在物质生活方面，我们不要过分娇惯女儿，这样，她才会感受到更多的快乐。

方法四：让女儿多交朋友，多些兴趣、爱好

乐观开朗的孩子心中的快乐源泉来自各个方面。试想一下，如果一个孩子只喜欢看电视，而某一天恰巧没有他喜欢的电视节目，他就会闷闷不乐。如果他同时有很多爱好，并且有很多朋友，他就可以选择看看书、听听歌，或者和朋友一起打打球。他获得快乐的方式多了，获得的快乐自然也会更多。所以，我们要想培养女儿乐观开朗的性格，就应该让女儿多交朋友，让女儿多点儿兴趣、爱好。

第五章

性格决定女孩的一生

让女儿赢在好性格

“性格决定命运”是一句众所周知的名言。一个具有好性格的女孩更容易获得他人的喜爱和成功的青睐。虽然，每个女孩都带有属于自己的本性，但是性格是完全不同于本性的，它可以通过后大的培养和磨炼改善。例如一个懒惰的女孩，可以通过后天的培养和磨炼养成勤劳的习惯，进而将勤劳融为自己的性格。

第 30 招

让女孩告别粗心

养育真经

对于女孩来说，粗心大意的危害是巨大的。粗心大意的女孩总是丢三落四，容易影响到她们的学习成绩。父母应该对女儿进行指导，让她们养成做事细心的好习惯。

12 岁的云云是个不折不扣的“粗心大王”。有很多次，她出门都忘了带钥匙，只能站在门口等妈妈下班。她在生活上也没有条理，常常把自己的书刊、衣服到处乱放，等到用的时候又焦急地问妈妈：“妈妈，我的校服放哪儿了？我们今天升国旗要穿的。”

前两天，她更是闹了一个大笑话，她让妈妈带她到动物园拍照，结果到了动物园后，她突然大叫起来：“坏了！我把相机忘家里了！”这件事情让妈妈哭笑不得。妈妈常常感叹：我家这个小公主什么时候能够细心起来啊！

在人们的传统观念中，女孩比男孩敏感，做事也更细心一些。很多细致活儿，例如织毛衣、剪纸等，男孩怎么学也学不好，而女孩一学就会。但是近年来，越来越多的女孩出现了粗心大意、马马虎虎的毛病，就像上例中的云云一样。

对于女孩来说，粗心大意的危害是不言而喻的，也让父母感到十分头疼，因为它不仅让女孩在生活上丢三落四、没有头绪，更会影响到她们的学习成绩，让她们平时的努力在一场考试中付之东流。

梦萱今年9岁，是一个学习用功的小女孩。但是每次考试，她考的分数都非常低，甚至排在班里的后几名。有一次期末考试，她语文只考了68分，数学更是没有及格。爸爸看了看她的试卷，发现这些错题根本不是她不会，而是因为她粗心而写错的。例如她常常忘记点小数点，写字时也常常丢掉一画，让它们成了缺胳膊少腿的“残废”。

从上面两个事例可以看出，粗心大意、行事粗糙非常不利于女孩的发展，所以，父母要耐心教导，让女儿养成做事细心的好习惯。

当女儿出现粗心现象时，父母不要着急，更不要斥责女儿或者给女儿起外号讽刺她。出现这种情况的时候，应该对女儿耐心指导，让她在生活中慢慢改掉粗心的坏习惯，养成细心的好习惯。

方法一：不要随便给女儿贴上“粗心”的标签

一个小女孩曾经在日记中这样写道：

我现在最怕的事就是爸爸妈妈叫我“粗心大王”了。前一段时间，我确实做什么事都粗心，还闹出了不少笑话。爸爸妈妈为了让我改正缺点，老是在我耳边说：“你怎么这么粗心啊！”“以后不要再粗心大意了！”爸爸妈妈一直这样说，已经让我产生焦虑感了。每做一件事，我都会担心出错，结果越担心越是错误百出。

心理学家研究表明，如果某种信息重复进入一个人的大脑，就会对他的潜意识造成很大的影响。在生活中，我们都有这样的经验：当孩子拿着杯子玩耍时，我们一再告诫他：“别把杯子摔坏了！”结果孩子还是把杯子摔坏了。潜意识是无法对负面信息进行分辨的。

即使女儿有粗心的毛病，我们也不要给她们贴上“粗心”的标签，否则就是在强化这种信息。当然，我们可以正面地告诉女儿：“做事细心些。”让女儿常常接受这种正面的信息，做事马虎的毛病就会有所改观。

方法二：多让女儿做一些细致活儿

无论是细心的习惯还是粗心的习惯，都不是一朝一夕养成的，而是日积月累的结果。所以，我们要想培养女儿细心的习惯，可以多让她们做一些细致活儿：如拼图、绘画、练习写毛笔字、系鞋带、剥毛豆、针线活等，以此来提高她们的细致程度以及注意力。当然，在女儿圆满完成任务的时候，我们要给予她们一定的表扬，这样可以提高她们的积极性。

方法三：培养女儿井然有序的生活、学习习惯

在贞贞5岁的时候，妈妈给她买了一个小皮箱，并对她说：“现在贞贞长大了，以后要学着自己保管物品了。”贞贞像小大人一样点了点头。在以后的日子里，妈妈经常教贞贞怎么收拾屋子、怎么管理自己的物品。在妈妈的帮助下，贞贞养成了井然有序的生活习惯，每件物品都摆放得有条不紊，要用的时候一下子就能找到。

在贞贞上小学后，妈妈和女儿一起制订了学习计划，什么时候写作业、什么时候检查作业、什么时候预习功课，都安排得井井有条。由于在学习方面用功以及细心，贞贞的成绩一直都在班里名列前茅。

前面我们讲过，培养女儿细心的习惯不是一朝一夕就能成功的，所以我们要从小事抓起，从一点一滴抓起。如果女儿在生活、学习方面都能够井然有序地进行，那么粗心大意、马马虎虎的行为就会大大减少了。

方法四：不妨给粗心的女儿一次教训

一位妈妈谈到了自己的育女经验：

去年寒假，我给女儿报了一个舞蹈班。从那以后，女儿每天兴高采烈地拿着舞蹈鞋去上课。有一次，由于走得匆忙，粗心的女儿竟然忘了带自己的舞蹈鞋。我女儿很粗心，常常丢三落四，我提醒过她很多次，她都记不住。这一次，我决定给她一个教训，就故意没有告诉她。果然，半个小时后，女儿从学校给我打来电话："妈妈，我的舞蹈鞋忘带了，你能不能帮我送一下。"我说："妈妈还有事，你自己的事情还是你自己解决吧。"女儿见我态度坚决，只好向老师请了假，气喘吁吁地跑回家，来拿自己的舞蹈鞋。

事后，我对女儿说："不是妈妈不肯帮你，妈妈这次虽然让你多跑一趟，将来你一定会因此而少跑很多次。"有了这次教训，女儿明显细心多了，每次出门前都把自己的东西检查一遍，生怕把东西忘在家里。

有些父母怕女儿粗心丢下东西，常常苦口婆心地叮嘱她们："钥匙带了吗？""上学时别忘了带课本！"在女儿丢下东西的时候，有些父母宁可顶着炎热的烈日走两里路也要给女儿送到学校。当然，怜爱女儿是没有错的，但是这样做不仅不能培养女儿细心的好习惯，还会让她们更加马虎、粗心，因为她们心中有了一个依赖：反正爸爸妈妈会叮嘱我的。因此，有时候，我们不妨给粗心的女儿一次教训，让她们知道粗心的结果。有了这样的教训，相信她们会谨慎、细心很多的。

第 31 招

教女儿做一个自尊自爱的女孩

养育真经

一个自尊自爱的女孩更容易获得大家的尊敬和认同。在这个物欲横流的社会，很多女孩禁不住各种诱惑，很容易做出一些有失身份的事情。所以，父母应该培养女儿的自尊心，让她们在尊重中学会自重。

我们每个父母都希望自己的女儿能够成为一个自尊自爱的女孩，所以，我们在她们小的时候就要尊重她们，让她们在尊重中学会自尊自爱。想让女儿做一个自尊自重、有尊严的女孩，父母还要培养她们的自尊心。另外，我们还要教会女儿爱护自己以及自己的荣誉，这样，我们的女儿就会成为一个自尊自爱的人。

方法一：维护女儿的自尊心

一位名叫约翰·高尔斯华绥的作家曾经说过：“人受到的震动有种种不同：有的是在脊椎骨上；有的是在神经上；有的是在道德感受上；而最强烈的、最持久的，则是在一个人的尊严上。”可见，尊严是多么重要。

尊严是人类灵魂中最不可糟蹋的东西，一个从小失去尊严的孩子，长大后很难堂堂正正地做人，也很难拥有健全的人格。只有他们从小就受到尊重，建立起很强的自尊感，才会积极主动地为维护自己的尊严而努力，推己及人地去尊重他人。

随着家庭教育知识的普及，体罚孩子的父母已经很少了，大多数父母都认识到了打骂孩子会伤害他们的肉体和心灵。但是，虽然体罚不流行了，精神惩罚却普遍存在，而且也更容易伤害孩子的自尊心。这里所说的精神惩罚，是指用尖刻的语言否定、贬低、奚落、嘲讽、挖苦孩子，例如骂孩子笨、不争气等。别看这些批评的话语只有几个字，但它们却能直达孩子的要害，刺伤了孩子的自尊，又让孩子感到受到了极大的羞辱和痛苦。

女孩的自尊和男孩的自尊是很不一样的。男孩的自尊带有倔强的成分，当他们感觉自己的能力被看低时，他们会感到自己的自尊心受到了伤害。而女孩的自尊是矜持的、敏感的，父母或者老师不经意的一句话、一个动作，都可能伤害到她们的自尊心。所以，我们要像呵护稚嫩的小苗一样呵护女儿的自尊心。

方法二：让女儿学会爱自己

一位母亲曾经这样谈到自己的女儿：

我女儿今年 15 岁，是一个聪慧漂亮、善解人意的小姑娘。今年年初，她班上的一位男生对女儿有了好感，常常给她写情书，有时候还送她各式各样的礼物。我女儿是一个爱学习的女孩，对那个男生没有任何好感，所以一而再再而三地拒绝他，他送的礼物也从不接受。但那个男生不死心，每天放学都站在校门口等女儿，一副非常可怜的样子。有一次女儿拒绝他后，他还在女儿面前放声痛哭起来，女儿觉得他非常可怜，就勉强同意了。但是等女儿对他真正有了感情后，他却喜欢上了另一个女孩。这件事让女儿受到了很大伤害，为了以后再也不见到那个男生，她竟然想放弃学业。

和男孩相比，女孩更注重人际关系，也更懂得体谅他人，某些时候会放弃自己的正当利益，甚至为此受到伤害。因此，在女儿小时候我们就应该向她们灌输这样一种观念：体谅他人是一种美德，但是你同时也要学会爱自己。这样，既能让女儿远离伤害，又有助于培养她们的自尊心。

方法三：让女儿珍惜自己的名誉

有人说过："女人的形象价值百万。"其实，和形象相比，女人的名誉更是用金钱无法衡量的。所以，我们要教育女儿学会珍惜自己的名誉，不要因为一些利益或者诱惑做出有损自己名誉的事情。如果她们把自己的名誉看得非常重要，就会竭尽全力去维护自己的名誉，从而成为一个自爱自重的女孩。

第32招

让女孩远离虚荣，远离攀比

养育真经

虚荣是孩子成长路上的绊脚石，非常不利于孩子的成长。父母应该培养女儿正确的价值观，对女儿积极引导，让她们远离虚荣心的侵害。

一年级小学生茹雪见很多同学都有专车接送上下学，就恳求做生意的小姨开车来接送自己。要求得到满足后，茹雪再不许自己的父母来学校接她，并跟同学说开车的小姨是她妈妈，以前来送自己的妈妈其实是家里的保姆。

看完上面这个事例，我们也许能够感觉到，爱慕虚荣实在是太可怕了，它竟然能让一个孩子连自己的母亲都不认！但是偏偏有很多孩子虚荣心都非常强，他们不仅比吃比穿，还比谁的父母挣钱多、谁的父母权力大地位高。有的孩子甚至已经到了非名牌不穿的地步，他们认为如果自己不穿名牌就去上学，那简直太没面子了。

其实每个人都有点儿虚荣心，但是如果虚荣心过分强烈的话，则是非常要不得的。法国哲学家柏格森曾经说过：“虚荣心很难说是一种恶行，然而一切恶行都围绕虚荣心而生，都不过是满足虚荣心的手段。”的确是这样，如果一个人虚荣心非常强，他就会把做事的着眼点放在别人如何评价自己、自己是不是能够得到夸奖上面，而失去做事的初衷。有时候，为了得到别人的赞扬和夸奖，他们还会弄虚作假、欺骗他人。此外，爱慕虚荣的人还会拼命掩盖自己的缺陷和不足，既不敢袒露自己的心扉，更不能取长补短，从别人身上学到自己没有的优点。

对于女孩来说，虚荣是她们成长路上的绊脚石，是非常要不得的。一个爱慕虚荣的女孩不仅不可爱，甚至还会把自己推入欲望的深渊。现在很多女孩喜欢名牌服饰、名车、名表，但自己的能力又无法购买这些奢侈品，最后为了自己的虚荣心，不惜出卖身体和名声。所以，我们应该教女儿用平常心来调节自己，让她们远离爱慕虚荣这块绊脚石。

父母要想让女儿改掉爱慕虚荣的毛病，就要以身作则，给她们树立一个良好的榜样。此外，要在价值观和人生观方面对她们进行引导。等她们建立了正确的价值观，就不会再爱慕虚荣了。

方法一：父母给女儿树立一个良好的榜样

父母是孩子的第一任老师，一言一行都会对孩子起到潜移默化的影响。所以，当孩子出现爱慕虚荣的心理时，我们也要反躬自问一下，是不是自己也是经常把名牌挂在嘴上，并且在吃穿住行方面常常和他人进行比较。如果我们也有这样的问题，就要努力消除这些不当的言语和行为。只有这样，我们才能称得上一名合格的“老师”，为女儿的成长起到积极作用。

方法二：帮助女儿树立正确的价值观

心理辅导师段瑞彬老师认为，孩子们爱慕虚荣、爱攀比大多是为了得到他人的尊重和欣赏，但同时也彰显了孩子们的自信心不足，希望通过虚荣心来填补。因此，父母要多给孩子鼓励和肯定，让他们认识到自己可爱和可贵的地方，而不要用虚荣装饰自己。另外，我们还应该积极引导孩子，帮助他们树立正确的价值观，让他们明白“鸟美的是羽毛,人美的是学问和品德”。当孩子有了更高的追求后，就不会再像以前那样爱慕虚荣了。

方法三：不要放纵女儿

很多父母都有这样的想法：“我的孩子绝不能比别人的孩子差，他们有的我的孩子也要有，他们没有的我的孩子更要有。”这样的想法看似是为了自己的孩子好，但也是父母虚荣心的一种表现，它会推着孩子朝着错误的方向越走越远。所以，我们一定要杜绝这样的想法。另外，当孩子提出无理的要求时，切不可轻易满足。可以先了解孩子的动机，如果这只是孩子的虚荣心在作祟，他要买的东西并没有太多的实际意义，父母则可以采取冷处理的方法——对他的要求不做任何回答,给他几天冷静期。等他确定某物品是真的需要时，再和他一起讨论是否要落实。父母也可以借此机会对他进行深入教育，告诉他花的每一分钱都来之不易。

方法四：帮助女儿树立正确的价值观

在和孩子交谈的时候，我们应该对孩子进行正确的引导，让孩子从社会价值而不是个人价值的方面去比较。我们应该告诉他们，可以和同学比成绩、比谁对班级的贡献大，但是不能比吃、比穿、比用、比玩。另外，在和同学比较的时候，也应该立足于自己的实际情况，不要盲目地和自己能力相差很多的同学去比较，否则容易形成自卑或者自满的情绪。当孩子懂得了正确的价值观，虚荣心就会慢慢减弱了。

第33招

教女孩谦虚，做虚怀若谷的才女

养育真经

谦虚是一种美德，它可以让女孩明白自己的优缺点，从而取得更大的进步，还可以让女孩具有博大的胸怀，从而更宽容、更理智。父母从小就要培养女儿谦逊的品格，让女儿成为一个谦虚的女孩。

钰彤今年16岁，是一个非常优秀的女孩。她不仅学习好，在绘画方面也很出色。去年，她参加了全省少年儿童绘画大赛，并且取得了第一名的好成绩。有些记者问她说：“你能够取得全省少年儿童绘画大赛第一名，是不是感觉自己在绘画方面非常有天分呢？”钰彤非常谦虚地说：“我和很多孩子一样，只是个喜欢画画的孩子，我并不觉得自己非常有绘画的天分。我能取得这样的好成绩，我感觉和爸爸妈妈的支持以及老师的教导是分不开的。在这里，我要谢谢他们。”钰彤谦虚的态度给在场的记者留下了很深刻的印象，大家都做了热情的报道。

古人曾经说过：“谦受益，满招损。”谦虚不仅是一种美德，它带给人的好处也是非常多的：谦虚的人具有博大的胸怀，更宽容、更理智；谦虚的人容易和人相处，让大家更喜欢他；谦虚的人明白自己的优点和缺点，从而也更容易取得更大的进步。和男孩相比，女孩一般谦虚、谨慎，不喜欢吹牛皮、说大话。但是在生活中，很多女孩被爸爸妈妈宠着，也得到了太多的夸奖和称赞，慢慢地飘飘然起来，很容易变得骄傲自大。

静文是一个很有才华的小女孩，刚上五年级，她的作文就写得非常出色，常常被老师当作范文在班上讲解。老师经常在班上说："林静文的作文比初中生写得还要好，你们一定要向她学习。"老师的夸奖让静文很得意，有时候，同学们向她请教作文怎么写，她会毫不客气地说："连作文都不会写，你太笨了。"到后来，她甚至觉得作文书上的作文也没她写得好，再也不看了。慢慢地，她的作文没有以前那么有灵性了，也没有以前写得好了。

从上面这个例子可以看出，骄傲、自满会阻止一个人的进步，是我们前进道路上的大敌。对于女孩来说，骄傲、自满更是要不得的，我们也许都看过《骄傲的孔雀》这篇文章，文中的孔雀尽管长得漂亮，但是谁也看不起，最后谁也不愿意和它做朋友，都对它敬而远之。所以，我们从小就要培养女儿谦虚的品格，让她成为一个谦虚的女孩。

女孩谦虚还是骄傲，和外部环境有关，和她自己的内心更有关。如果她们不能够全面认识自己，很可能会盲目骄傲或自卑起来。父母要想让女儿谦虚，就要让女儿全面认识自己，并且让她们认识到骄傲的危害性。此外，在夸奖她们的时候，也要用对方法。

方法一：让女儿远离骄傲

一位父亲曾经这样谈到自己的育女经验：

我女儿是个爱学习的小女孩，成绩一直排在班里的前五名。

通过自己的努力，她在这次期末考试考了全班的第一名。这让女儿非常得意，在暑假也不安心学习了，看见亲友们就说："叔叔阿姨，我考了我们班的第一名。”听到亲友们的称赞后，她就更加骄傲、自满了。

我感觉这样很不好，就对女儿说：“宝贝女儿，你想过没有，是什么原因让你考取了全班第一名？”女儿想了想说：“每天努力学习，不贪玩。”我说：“是啊，每天努力学习才能考出好成绩，但你现在光顾着向大家炫耀而忘了努力学习，下次还能考第一名吗？”女儿有些羞愧地低下头。我接着说：“那些被你超过的学生一定不甘心，一定会在这个暑假好好复习功课。你要想总考第一名，就不能放松学习，更不能骄傲、自满。”女儿点点头说：“爸爸，我知道了，我再也不向大家炫耀成绩了。”

父母是孩子学习的榜样，我们首先要做到谨言慎行，给孩子树立一个良好的榜样。当孩子产生骄傲情绪的时候，父母应该对他们进行提醒，并且让他们充分认识到骄傲的危害性。这样，才能让孩子远离骄傲、自满，做一个谦虚、谨慎的人。

方法二：帮助女儿全面认识自己

一位母亲曾经这样谈到自己的育女经验：

我女儿是班里公认的小才女，她不仅学习成绩优秀，在唱歌、跳舞方面也很有天赋。这让女儿十分得意，常常不把同学放在眼里。尤其是她的同桌君萌，由于学习成绩不好，女儿更是看不起她，常常说她如何如何笨。有一次，女儿又这样谈论君萌，我对女儿说：“每个人都有自己的优缺点。比如在学习方面，你要比君萌强，但是在体育方面，你却赶不上君萌。”我的话让女儿低着头思索了好半天，从那以后，她再也不说君萌笨了，人也不像以前那样骄傲、自满了。

孩子产生骄傲的情绪往往源于自己某方面的优势或者特长。父母应该让他们认识到，每个人都不是完美无缺的，每个人都有自己的优点和缺点。此外，父母还应该让孩子明白“天外有天，人外有人”，他们这些优势只是限定在一个小圈子、小团体内，并不是那种绝对的优势。当孩子能够全面看待和衡量自己，他们就不会骄傲、自满了。

方法三：用正确的方法表扬女儿

在生活中，小女孩由于聪明、乖巧、讨人喜欢，常常会得到大家的表扬。但是表扬孩子也是一门艺术，如果表扬的方法不正确，不仅起不到积极的作用，还会滋长女儿骄傲、自满的情绪。

在吉诺特博士所著的教育名著《孩子，把你的手给我》中，曾经谈到了表扬孩子的方法。吉诺特博士认为，表扬孩子时应该注意以下两点：

1. 夸奖孩子的努力和成就，而不要夸奖孩子的品性和人格。例如女儿把屋子收拾得干干净净，妈妈可以对女儿说："刚才屋子太脏太乱了，但经过你的收拾整理，它又变得干干净净、漂漂亮亮了。"这样称赞的话会让女儿为自己的劳动感到高兴，甚至会高兴老半天。但如果妈妈说"你真是个好女儿"或者"你真是妈妈的好帮手"，不仅不会让女儿感到高兴，还会让女儿感到不安，因为她们感觉自己配不上这个称呼。

2. 用描述性的话语夸奖孩子。例如女儿考了第一名，妈妈可以说："你每天都努力学习，考出这样的好成绩是对你的回报。"这既会让女儿感到高兴，又会让她继续努力学习。但如果妈妈说"你真是个好孩子，班里的同学谁也比不上你"，这可能会让女儿感到迷茫，也可能会让女儿产生骄傲、自满的情绪。

第 34 招

让女儿明白：诚信是一种财富

养育真经

诚实守信是一种优秀的品质，它能让一个人充分获得别人的信任，从而也更愿意和他交往。在女儿小的时候，我们就要向她们灌输诚信的观念，教育她们不说谎话，努力把她们培养成诚实守信的人。

上周末，一位好朋友打电话过来，约我一同去看电影。当时女儿就坐在我的旁边，一听到我们要去看电影，马上说："妈妈，我也要一起去。"我对女儿说："你不是约了好几个朋友到咱家来写作业吗？你要是看电影去了，一会儿她们来了找不到你怎么办？"女儿说："我给她们打电话别让她们来了。"我说："这样可不行，你既然已经和朋友约好了，就应该遵守诺言才对。"女儿当时非常想去看电影，和我吵闹了好半天，但是我始终没有答应她。我认为，诚信是一种非常可贵的美德，我们从小就要培养孩子诚实守信的好品质。

这是一位妈妈在网络上写下的育女日记，让我们深受启发，我们应该向她学习，在女儿小的时候就培养她们诚实守信的好品德。

以诚待人，以信取人，是我们中华民族优秀的传统之一。孔子曾经说过："言而无信，不知其可也。"这是在告诉大家如果一个人没有诚信，就不会取得大家的信任，也就没有人愿意和他交往、合作了。

在刚刚进入市场经济阶段，由于人们对于物质的强烈追求，诚信曾经一度遭到践踏。但是随着社会的进步和发展，人们对于诚信的呼声越来越高。一个人如果缺乏诚实守信的操守，就很难在社会上立足，诚信已经成为人们的"第二张脸"。

对于女孩来说，诚实守信带给她们的益处是非常多的。它不仅可以让女孩保持一颗高贵的心，还会让女孩取得他人的信任，收获一个好人缘。所以，我们要重视对女儿诚信的培养，让她们成为一个诚实守信的人。

诚信是一种良好的品德，在培养女孩诚信方面，父母应该怎么做呢？

方法一：父母要给女儿树立好榜样

为了女儿能够取得好成绩，爸爸每天晚上都会辅导小雨的功课。

一天晚上，爸爸正在辅导小雨功课时，电话铃声突然响了起来。爸爸悄悄地对小雨说："如果是你王叔叔找我的话，你就说我还没有下班，明白了吗？"小雨不解地说："您不是在家吗？为什么要撒谎呢？"爸爸有些不高兴地说："小孩子懂什么，大人怎么说，你怎么做就可以了。"最终，小雨言听计从地接了这个电话。

渐渐地，爸爸发现女儿常常编造各式各样的借口逃避学习，成绩也一落千丈。有一次，爸爸被骗后，怒不可遏地斥责小雨说："小小年纪，谁教你撒谎的？"小雨理直气壮地回答："爸爸打电话可以撒谎，我为什么就不可以啊？"

苏联教育家马卡连柯曾经说过："不要以为只有在你们同儿童谈话、教训他、命令他的时候，才是进行教育。你们生活的每时每刻，甚至你们不在家的时候也在教育儿童，你们怎样穿戴，怎样向别人说话，怎样议论别人，怎样欢乐和发愁，怎样对待敌人和朋友，怎样笑，怎样读报——这一切，都对儿童有着重要的意义。”上例中的父亲显然没有注意到身教的力量，他让女儿替自己撒谎，结果让女儿养成了撒谎的坏习惯。作为孩子的父母，我们一定要意识到孩子的模仿能力是十分强的，要想让孩子做一个诚实守信的人，我们自己首先就要做到诚实守信，为孩子树立一个良好的榜样。

方法二：尊重女儿并尽量满足她的合理需求

场景一：雅婷看中了一款红色运动衣，吵着闹着让妈妈买给自己，但是妈妈就是不同意。过了两天，雅婷和妈妈撒谎说：“妈妈，现在我们班上的女生都穿这种红色运动衣，就只有我没有了，你就给我买一件吧。”

场景二：爸爸对蕾蕾非常严厉，每次蕾蕾没考好，都要狠狠地批评她一顿。这次蕾蕾只考了65分，这让她十分担心。为了逃避责罚，最后蕾蕾想出了一个办法：用红笔把65分改成85分。

很多时候，孩子并不愿意撒谎，但是为了逃避责罚或者满足某种需求，他们出现了不诚信的行为。作为父母，我们应该给女儿一个宽松的环境，不要让她们为了逃避责罚而出现撒谎的行为。另外，我们应该认真分析女儿的需求，尽量满足其中的合理部分。当女儿的合理需求得到满足后，她们就不会做出欺骗父母的行为了。

方法三：从根本上消除女儿撒谎的行为

爸爸给女儿的班主任打了电话，知道前些天进行了一次考试，女儿考得很糟糕。但是女儿并没有和自己提起过这次考试。女儿放学回来，爸爸问她：“这些天你们没有进行考试吗？”女儿有些胆怯地说：“没有。”爸爸恼怒地说：“我最讨厌撒谎了，快说，你为什么和我撒谎？我已经给你们班主任打过电话了。”

对于孩子撒谎的行为，很多父母都是深恶痛绝的。为了杜绝孩子的撒谎行为，一些父母甚至采用了打骂的手段。但是这样的做法并不好，这样的做法只能让孩子产生深深的恐惧，而不能从根源上消除孩子的撒谎行为。所以，父母一定要注意自己的言行，一定不要在无意识中助长孩子撒谎的意识，具体来讲可以从以下几个方面入手：

1. 不要激发孩子防御性的撒谎。例如上个例子中的父亲明明知道了结果，却还是向女儿发问，这是在逼着女儿撒谎。当遇到这种情况的时候，他可以对女儿说："我给你们老师打过电话了，她说你的考试成绩不理想，你需要爸爸的帮助吗？"

2. 避免问为什么。例如周日女儿赖在床上不起来，如果妈妈问她："这么晚了你为什么还不起床。"为了赖床，女儿很可能会撒谎："我肚子不舒服，我还要躺一会儿。"在这种情况下，妈妈可以对女儿说："时间不早了，你该起床了。"这种正面的、叙述性的话语，更能让女儿接受，从而不会助长谎言的产生。

第35招

告诉女儿责任心的重要意义

养育真经

随着社会的进步和发展，责任心越来越被大家所重视。一个有责任心、敢于担当的人，更容易被大家接受，也更容易做出非凡的成就。很多孩子因为父母的娇生惯养缺乏责任心。父母应该从小培养女儿的责任感，让女儿成为一个有责任心的人。

昨天晚上睡觉前，8岁的女儿对我说："妈妈，明天该我做值日，你做饭要早一点儿。"第二天，我早上6点钟就把饭做好了，但是女儿却迟迟不肯起床。我有些着急，叫了女儿好几次，她才很不情愿地从床上爬起来。我对女儿说："你今天不是要值日吗，我叫你好几次，你怎么不起床呢？"女儿说："我还没睡醒。"我说："今天该你值日，你要早起床啊。"女儿毫不在乎地说："做值日的又不是我一个人，有时候他们还来不了呢。"

哎！现在的孩子太缺乏责任心了，在我们那个年代，就是宁可不睡觉也要赶上做值日，从来没有迟到的。我觉得，我们应该好好培养培养孩子的责任心了。

这是一位母亲在博客中写下的日志，提醒大家要注意培养孩子的责任感。这位母亲的提议是非常好的，现在有的孩子确实是太缺乏责任感了。

和男孩相比，女孩的责任意识相对是比较强的。当她们承诺做一件事时，通常会竭尽全力去完成。有些女孩还懂得体贴父母，小小年纪就开始分担家务，以减轻爸爸妈妈肩上的压力。

但是很多时候，由于爸爸妈妈的娇宠和溺爱，很多女孩的自我意识都非常强烈。她们不关心周围的人和事，甚至连自己的父母都漠不关心。在她们心中，就只剩下了自己。这样的女孩自然不会有很强的责任心和责任感。

一位妈妈曾经这样谈到自己的女儿：

我和老公一直都把女儿当作家中的小公主，但现在我们发现，这种做法是完全错误的，因为我越来越发现我的女儿是一个自私、冷漠的人。虽然她在这个家庭中已经生活了十几年，但是这个家庭却彷佛和她没有关系。有时候，家里的笤帚倒在地上，她宁可跳过去，也不肯扶起来。每次吃完饭，她放下碗筷就玩去了，从来不帮我收拾一下。前一阵子，老公常常犯胃病，她不仅没有问候一声，还抱怨爸爸不能带她去玩。今年9月份，女儿上中学住了校，似乎和这个家庭更疏远了，她除了每月回家拿钱外，从来也没有关心过我和老公。现在我们非常后悔，当初真不该那样娇惯女儿。

从这个事例可以看出，正是爸爸妈妈的娇生惯养，让女儿变得自私、冷漠，甚至连自己的父母、家庭都漠不关心。试想一下，如果一个人连自己的父母、家庭都漠不关心，他又怎么会关心其他的人和事呢？又怎么会尽职尽责地做好自己的工作呢？当一个人自我意识过于膨胀时，他的责任心和责任感也就消失不见了。

对个人来说，责任感是一种高尚的情操，它能让人言行一致、勇于承担；对社会来说，责任感更是一种极为宝贵的态度，无论是家庭还是社会团体，都喜欢那些责任心强、敢于承担责任的人，而那些没有爱心、没有责任意识的人，在哪里都不会受到欢迎。所以，我们要从小培养女儿的责任感，让她们成为有爱心、有责任心的女孩。

其实，女孩的责任心是非常强的，但是因为父母的娇惯，她们慢慢变得自私了，责任心也减弱了。所以，要想培养女孩的责任心，不能太娇惯她们。另外，父母还要让她们知道责任心的重要性，并且从小事做起，这样她们慢慢地就会成为负责任的小女孩。

方法一：让女儿明白责任感的重要性

一位妈妈曾经这样谈到自己的育女经验：

我女儿舞跳得非常好，是班里的文艺委员。去年元旦，学校要举行歌舞比赛，老师把编排舞蹈、带同学练习的任务交给了女儿。每天放学，女儿都留在学校，练习到八九点钟才能回家。有一天，女儿却很早就回到了家中。我有些奇怪地问："今天怎么回来这么早啊？你们不是要练舞蹈吗？"女儿赌气地说："那几个男生太笨了，我怎么教也教不会他们，我以后再也不管这事儿了。"我说："你如果不教他们，他们到比赛的时候不是跳得更不好吗？"女儿说："我才不管呢，爱怎么样就怎么样吧。"我拍拍女儿的肩膀说："老师把这个任务交给你，表示他对你非常信任。你想一想，如果你中途放手不管了，老师还会信任你吗？"女儿低着头不说话。我接着说："你看，上个月爸爸获得了公司的'先进标兵'称号，为什么爸爸会获奖呢？这是因为爸爸有责任心，公司下达的任务无论多难多重都努力完成，我们应该向爸爸学习。"女儿点了点头说："妈妈，你说得对，明天我就继续教他们练舞。"

我国著名教育家陶行知先生曾经说过："行是知之始，知是行之成。"当孩子充分了解了责任感的重要性，才会真正努力去实践。作为父母，首先应该告诉孩子责任感的重要性，让他们意识到没有责任感的人是不会取得成功的。此外，做父母的还要给孩子树立一个良好的榜样。这样，我们的孩子才会真正成为一个有责任心的人。

方法二：培养责任心要从小抓起

这里所说的从小抓起包含两种含义。一方面，是指在孩子年纪较小的时候就要培养他们的责任心。试想一下，如果一个孩子的方方面面一直由父母负责，等他长大了突然要求他要对自己的事情负责，他会有什么样的感觉？他一定会感到茫然无措，因为他已经习惯了在父母的荫庇和保护下生活。所以，我们要培养孩子的责任感，就要培养孩子从小学会自己的事情自己做，这样，他们长大后才能成为一个勇于承担，能够对自己、对他人负责任的人。另一方面，培养孩子的责任心应该从小事着手，比如让孩子擦擦地、吃完饭帮忙收拾一下碗筷、写完作业后自己收拾书包……孩子这些事做得多了，就会慢慢养成习惯，他们的责任感自然也就培养起来了。

方法三：让女儿饲养一只宠物

很多女孩都喜欢小猫小狗，但是一些父母嫌脏、嫌烦，不同意女儿养。其实，让女儿饲养一只宠物对她们的成长是非常有益的，既可以培养她们的爱心，也可以培养她们的责任心。也有一些父母抱怨说："我给女儿买了一只小狗，但她只知道和小狗玩，根本不喂它，也不给它洗澡，这些都成了我的事儿。"这种情况是可以避免的。在饲养宠物之前，父母应该和女儿事先声明，让她们自己对宠物负责。此外，父母还可以延缓女儿饲养小动物的愿望，让她们的愿望不那么轻易实现，从而使她们更加珍惜。如果女儿没有按照事先说好的去做，父母不要批评、责骂她们，可以对她们说："你看小狗没人管多可怜，我女儿是个有爱心的女孩，一定不会扔下小狗不管的。"这样，可以唤起女儿的爱心，重新负起饲养宠物的责任。

第 36 招

做个勤劳的小公主

养育真经

劳动是一件光荣的事情，让女儿从小多做些家务，不仅有利于培养她们的独立性，也可以培养她们吃苦耐劳的好品质。所以，父母不应该害怕女儿受苦受累，更不要剥夺女儿劳动的权利。

人们常说："女儿是妈妈的贴心小棉袄。"这是因为女孩一般都很懂事，在年纪很小的时候就懂得分担妈妈的负担，例如帮妈妈洗衣做饭、收拾房间等。在这一点上，男孩是没法相比的。但是现在的女孩没有以前那样勤劳了，我们常常听到一些父母这样抱怨自己的女儿：

"我在八九岁时就帮妈妈洗衣做饭，但我女儿现在都 11 岁了，连个碗都没刷过。"

"我女儿都 13 岁了，还不会洗衣服，她的衣服从来都是我洗。"

"每次吃饭的时候，我女儿从来不主动拿碗筷，等我们把碗筷摆好了，她才凑过来。吃完饭的时候，她也从来都不帮我收拾桌子。"

在人们心目中，女孩一般都是勤劳能干的。但是为什么还是有很多不爱劳动的小女孩呢？这当然和父母的教育方式有关。现在很多父母心疼孩子，怕孩子吃苦受累，便剥夺了孩子劳动的权利。还有些父母怕干家务耽误孩子的学习时间，宁可自己受累，也不让孩子帮自己干活。慢慢地，这些孩子变得越来越懒惰，就是帮父母拖拖地、洗洗碗也不肯干了。

劳动，能够让孩子变得更加聪明、更加能干。苏联著名文学家高尔基曾经说过："人的天赋就像火花，它既可能熄灭，也可能燃烧起来，而使它成为熊熊烈火的办法只有一个，那就是劳动，再劳动！"儿童心理学家研究发现，劳动可以促进孩子的智力发展，而且对孩子品德、兴趣、意志的培养，都起着至关重要的作用。在发达国家，父母非常注重培养孩子的劳动能力，孩子们从小就被要求帮父母做家务。在德国，孩子的劳动义务甚至明确地被写入到法律：6 岁以上的孩子必须帮父母做家务。

热爱劳动是一件非常光荣的事情，让孩子从小做些家务，既可以培养他们的独立性和责任感，还可以培养他们吃苦耐劳的品质。一个常常帮父母做家务的孩子，更容易体验到父母为这个家庭所付出的辛苦和努力。所以，我们从小就要培养女儿热爱劳动的好习惯，让她们成长为一个勤劳、能干的女孩。

现在的女孩不爱劳动，最大的原因出在父母身上。我们一定要摆正心态，不要让自己错误的爱耽误孩子。另外，父母应该让女儿对劳动有一个正确的认识，让她们知道劳动的意义，从而热爱劳动。此外，父母还应该让女儿多干一些力所能及的事，让她们养成吃苦耐劳的品性。

方法一：让女儿承担一部分家务

对于我们父母来说，一定要摆正教育心态，切不可因为心疼女儿而不让她们劳动。这样做，其实并不是在爱女儿，而是害女儿。

对于孩子来说，他们其实并不排斥劳动，有时候甚至还会主动提出帮父母做家务。在这种时候，父母不要打击他们的积极性，也不要怕他们做不好，而是要鼓励他们去做。另外，父母还可以让女儿分担一些家务，如扫地、洗碗、抹桌子等。等女儿做的时间长了，热爱劳动的好习惯也就慢慢养成了。另外，在女儿开始劳动时，父母应给她们做些示范，注意安全和卫生，防止意外事故的发生。

方法二：对女儿多加鼓励和赞美

当父母让女儿帮忙做家务时，要多鼓励、多赞美，这样会激发女儿热爱劳动的积极性。另外，父母不要只看女儿的劳动结果，而要看重女儿对劳动的积极态度。例如女儿很认真地扫了地，即使没有扫得很干净，父母也不要埋怨她们，而要对她们的行为提出表扬。此外，有些父母用金钱刺激孩子的劳动欲望，这是非常不对的，这很容易让孩子产生为钱而劳动的负效应。心理学家研究发现，对孩子进行精神奖励比金钱奖励更有效，也更科学。

方法三：增强劳动的趣味性

要想培养孩子的某种习惯就要让孩子对它产生兴趣，这样才能达到很好的效果。例如在孩子劳动的时候，可以采取竞赛的形式，这样既可以培养孩子的竞争心理，还可以使劳动变得富有情趣。再比如孩子都喜欢家里来客人，当客人来到的时候，父母可以让孩子去拿果盘和瓜子。通过这样的方式，可以调动他们劳动的积极性，从而让他们慢慢养成热爱劳动的好习惯。

方法四：让女儿知道劳动是生活的需要

在生活中，我们要告诉女儿劳动是一种美德，并且让女儿明白，我们吃的、穿的、用的都是靠辛勤劳动挣来的。当女孩认识到劳动的重要性之后，再让她们适当地做家务，就比较愿意接受了。

第六章

女儿当自强

经历挫折洗礼的女孩最有出息

人们总是习惯性给女孩贴上“柔弱”“娇嫩”“胆怯”等标签，总以为女孩子身上缺乏男孩的刚强、勇敢和坚韧。事实并非如此，大多数女孩其实内心深处都有一颗不服输的心，她们同样具有积极的进取心和想要成功的强烈愿望，关键是她们有没有找到自己那颗“不服输”的心。而作为女孩父母，我们除了要帮助和引导女儿变得坚强和勇敢起来，更要学会如何磨炼女儿那颗“不服输”的心。

第37招

女孩不能靠眼泪征服世界

养育真经

和男孩相比，女孩容易表现出软弱、爱哭鼻子、抗挫折能力差等特征。这些特征不仅会成为父母担忧的心病，也会成为女孩成功道路上的“拦路虎”。父母应该从小就培养女儿坚强的个性，让女儿成长为一个坚强的女孩。

和男孩相比，女孩由于受女性荷尔蒙的影响，往往表现出软弱、爱哭鼻子、抗挫折能力差等特征。这些特征不仅成了父母担忧的心病，也成了女孩成功道路上的“拦路虎”。

场景一：忆晴升入中学后参加军训，站了两个小时的军姿就感觉坚持不住了，向教官提出休息的申请。由于没有得到教官的允许，忆晴回家后向妈妈哭哭啼啼地抱怨了老半天，并让妈妈帮她撒谎，就说自己病了，以此来逃避军训。

场景二：家悦是一个成绩优秀的女孩，因为在中考时发挥失常，她只考取一所普通的高中。家悦觉得没脸见父母了，竟然在公布成绩的那一天就离家出走了。

场景三：一个8岁的女孩，她最大的梦想就是成为舞蹈家。因为在一次排练中严重扭伤了脚踝，她从此远离了舞蹈，那个成为舞蹈家的梦想完全破碎了。

从上面这三个事例可以看出，女孩娇气、软弱的个性非常不利于她们的发展。现在的社会是一个竞争激烈、强者胜出的社会，谁也不会因为我们的女儿是女孩而怜爱她、照顾她。如果她们自己不能变得坚强起来，不能自己直面人生的困境和挫折，她们的人生道路就不会走得顺畅，获得成功的几率也不会很大。

读到这里，也许有些父母会担心：脆弱、娇气是女孩的天性，我们根本无法改变女儿的天性啊。这样想是不对的。女孩不够坚强和性别因素有着一定的关系，但是和父母的后天培养、后天教育有着更重要的关系。我们在商界、政坛看到许多优秀的女性，她们的坚强抗压程度并不逊于任何男性。

因此，在对女儿的教育方面，很多父母都需要反思。我们常常觉得女孩娇嫩、弱小，便对她们过度保护。例如有些父母送女儿上学，常常对老师说："我女儿爱哭，请老师不要严厉批评她，有什么事找我就好了。"还有些父母在女儿遇到困难时对她们说："乖女儿别怕，让爸爸妈妈来帮你忙。"正是由于父母的过分保护，剥夺了女儿克服困难、战胜挫折的机会，让她们根本不懂得何谓坚强。另外，这样做也会给女儿一个消极的暗示，让她们感觉女孩就是弱小的、需要保护的，从而无法坚强起来。所以，我们要想让女儿变得坚强起来，首先要做的事就是把我们放在女儿头上的保护伞拿开。

女孩其实可以和男孩一样，变得坚强自信，只要我们在后天培养上下功夫就可以了。但是大多数父母认为女孩柔弱，便过度娇惯她们，让她们变得越来越娇气，越来越软弱。一位教育家曾经说过，长在温室中的树木茁壮不了，因为没有经历过风雨。同样的道理，我们让女儿吃些苦、受些挫折，她们才会慢慢变得坚强起来。

方法一：多给女儿积极的暗示

两个小女孩在公园玩耍，看到翩翩起舞的蝴蝶，都追了过去，结果不小心撞在了一起，摔倒了。

一位妈妈赶紧跑到女儿身边，把女儿扶了起来、抱在怀里，心疼地揉揉这儿揉揉那儿，不安地问："摔疼了吧？"孩子哇哇大哭起来："疼！"另一个孩子看到这个孩子哭，眼睛一红，也想哭。但她妈妈蹲下来对她说："草地很软，摔一下不会疼。我女儿是一个坚强的小姑娘，自己站起来，让妈妈带你去玩！"奇怪的是，这个孩子真的从地上爬起来了，若无其事地继续玩去了。

儿童心理学家研究发现，暗示可以使孩子在心境、情绪、兴趣、意志等方面发生变化。如果父母传达给孩子的是积极的暗示，孩子将会变得更乐观、自信、坚强、积极向上；如果父母传达给孩子的是消极的暗示，孩子将会变得更脆弱、消极、害怕困难和挫折。所以，我们在平时不要把女儿当成弱者，这样会给她们传递一种消极的暗示，不利于她们性格的发展。在女儿遇到困难和挫折的时候，我们要多给她们肯定和鼓励，让她们勇敢地面对人生的挑战。

方法二：让女儿在受挫中体验成功

学校举行歌唱比赛，雨涵报了名，并且下了很大的功夫，但是却没有取得理想的成绩。雨涵有些沮丧地对妈妈说："这些功夫都白费了，以后再也不学唱歌了。"妈妈说："虽然你没有得奖，但是你这些功夫并没有白费啊。现在你学会了不少新歌，而且唱得越来越好了，隔壁的王奶奶还非常喜欢听你唱歌呢。"听妈妈这么一说，雨涵心中释然了，并且喜欢上了唱歌。

孩子的年纪还小，不懂得"失败是成功之母"，容易在挫折面前低头。我们应该让女儿明白，偶尔的失败并不代表以后不会成功，如果坚持下去，离成功就不远了。女儿明白了这些，就不会再惧怕挫折，反而会变得越发坚强起来。

方法三：磨炼女儿的意志

我们大家都明白，艰苦的环境最能锻炼人的意志力，让人迅速地坚强起来。但是让父母为难的是，现在已经没有合适的环境让孩子去吃苦了。其实，艰苦的环境不一定非要是衣不保暖、三餐难继，我们可以创造一些合适的环境去锻炼我们的女孩。例如让孩子在乡下农村住几天，让她们帮父母做些家务，出行的时候让她们自己拎包，也可以让她们坚持晨练。只要我们舍得让孩子吃苦，意志力的培养还是很容易的。

第38招

让女儿明白，挫折是生活的一部分

养育真经

有位名人说：“人的生命似洪水在奔流，不遇着岛屿、暗礁，难以激起美丽的浪花。”是的，挫折是每个女孩生命中都必须要经历的，无法躲避。因此，父母要让女孩学会坦然接受挫折，勇敢面对。

法国启蒙思想家伏尔泰说过这样一句话：“人生布满了荆棘，我们想的唯一办法是从那些荆棘上迅速跨过。”没错，挫折无论在与不在，它已经成为生活的一部分。所以，我们要让女儿明白，挫折是无法避免的，只能勇敢地面对它。

一位父亲在自己的育女日记中这样写道：

女儿从小就品学兼优，一直担任班长一职。进入小学六年级后，女儿突然落选了，原因是同学们认为女儿的工作能力不强。

回到家后，委屈的女儿向我哭诉了事情的原委。这次打击对女儿来说太大了，她对我说，她再也不想上学了！

无论我怎样劝说，女儿就是把自己关在房间里，既不出来吃饭，也不听我的劝告。

许多女孩生活在优越的环境中，生活总是非常顺利，一旦遇到一点小小的挫折，就无法接受。对于上述事例中的小女孩来说，本来一直当班长，她理所当然地认为，班长非自己莫属。当落选的消息传来时，她自然无法接受。

既然挫折是女孩人生中的必修课，那么我们就要帮助女儿战胜内心恐惧，让她成为解决问题的能手。当然，为了更好地教育女儿，我们不仅要学会及时疏导女儿遭受挫折后的不良情绪，而且要善于主动设置一些挫折，让女儿从小就能勇敢地面对困难、面对挫折。

例如延迟满足女儿的物质要求；当女儿与朋友之间出现矛盾时，鼓励她自己与朋友进行协商；当女儿失败时，鼓励她找原因，总结经验和教训，避免下次重犯；当生活中出现重大不幸时，引导女儿乐观面对等等。

当然，还有其他一些方法，女孩父母们也可以多多尝试：

方法一：运用“3C”的办法来帮助女儿度过困境

美国的儿童心理学家曾经教给父母们一个叫作“3C”的办法来帮助孩子们度过困境。所谓“3C”是指 control（调整），challenge（挑战）和 commitment（承诺）。

5 岁的朵朵没有被邀请参加楼下小朋友剪剪的生日会，她伤心不已，还抽抽搭搭地哭了很久。朵朵的妈妈一边隐藏住自己对楼下那位妈妈考虑不周的不满，一边想办法安慰女儿。她告诉女儿，可能是剪剪家的客厅比较小，也可能是剪剪的小椅子不够了，所以才不能请所有的小朋友都参加。“我不确定朵朵心里是否接受了我这个解释，但是第二天我高兴地看到女儿已经不再伤心，见到昨天参加了晚会的其他小朋友时，她不但不生他们的气，反而和他们一起玩得很开心。”朵朵妈妈回忆说。

其实，朵朵妈妈正是采用了“3C”教育法，即朵朵是通过和小朋友一起做游戏“调整”了没有参加生日晚会的挫折，而她所得到的“承诺”是：长久的友谊比一次小小的忧伤的插曲更重要。朵朵当然不了解我们这个有些晦涩的理论，但我们高兴地看到她找到了一个抵抗挫折的方法。

方法二：给女儿的努力予以表扬

美国哥伦比亚大学的一位心理学者做过这样一个实验：他让400名小学一年级生参加了一个考试，然后对所有孩子都说他的成绩很好。但是在表扬孩子成绩的时候，他采取了不同的说法。他对一些孩子说：“你很聪明，你的考试成绩非常好。”而对另一些孩子则说：“你很努力，你的考试成绩非常好。”

几天之后，这些孩子又参加了一次考试，这次，心理专家告诉孩子们，他们的成绩不如上次好了。面对这样的结果，那些曾因为“很努力”而受到表扬的孩子表现出了很好的控制力并且愿意接受挑战。这是因为失败对他们来说只是意味着“还不够努力”。而那些因为“很聪明”而受表扬的孩子则显得缺乏对失败的忍受力，因为他们认为失败意味着“我笨”。

所以，当你的女儿第一次独立完成了一幅拼图，你应该告诉她：“我知道你一直很努力，祝贺你终于成功了。”而不要对她说：“我就知道你最能干了。”只要稍稍调整一下你表扬的方式，就能让女儿明白：成功意味着掌握了一项技能，而不是在炫耀一种天赋。那么自然她就会更坦然地面对失败和挫折，继续努力追求成功。

第39招

鼓励女孩用坚强战胜痛苦

养育真经

有人说，人在逆境中比在顺境里更能坚强不屈。没错，一个坚强的女孩，她必定是不怕困难、不怕失败、不怕打击，在逆境中依然能够坚持努力的人。这样坚强、勇敢的女孩又有什么事情能阻碍她的成功呢！

生活中，我们时常听到女孩父母们这样担心的话语：

“我的女儿性格太软弱，遇到一点困难就退缩、躲避，有时候别人一句无心的话语，就能把她伤得泪眼汪汪的。”

“我女儿都已经上小学五年级了，竟然还特别害怕打针。有次她发高烧住院，这小丫头说什么也不打针，只吃退烧药。如果看到护士带针管进来，她就号啕大哭。”

“我们家那位小公主，受不了一点儿委屈，做事也没常性，而且骄蛮任性，只听得进去表扬，听不进去批评。你要是批评她一句，她能两个星期不理你！”

……

为什么现在的女孩子越来越脆弱？为什么她们经受不了挫折和

失败？为什么一丁点的委屈就让她们看起来痛不欲生？追究起来，可能是因为某些女孩天性如此，但最重要的还是父母在后天的教育过程中出现了问题。

例如现如今随着独生子女的增多，父母对唯一的掌上明珠看得比较娇贵，事事都替女儿打点好，时时都在保护着女孩，结果女孩自己的挫折被父母“摆平”了，她们自然也无法在挫折中历练和培养自己的坚强意志。于是，当有一天父母照顾不到她的时候，她就会变得脆弱、惊慌失措、恐惧不安，根本无法在生活中独当一面。

其实，女孩的坚强意志是完全可以通过后天的训练培养出来的，关键是父母愿不愿意放手，愿不愿意鼓励女儿去迎接风雨。下面这些教育方法或许可以帮助父母们培养女儿的坚强意志：

方法一：父母要成为女儿坚强的榜样

有一位女孩的母亲讲述了这样一件事情：

上个周末，我带女儿去打预防针，女儿有点害怕。我就安慰她说：“别怕，妈妈会守在你的身边。”谁知进了医务室，女儿却抓住我的手不肯放，哭哭啼啼的就是不肯跟医生合作。这时，一位老大夫走过来对我说：“请你先出去，离开你的孩子！”

我有些忐忑不安地在外面等待着，甚至期望着女儿的嚎哭声。但是几分钟后，女儿平静地走了出来。我急切地问：“疼吗？你哭了吗？”女儿说：“有一点疼，但我没哭！”

后来那位给女儿打针的老大夫告诉我：“知道我为什么让你离开吗？因为你守在孩子的身边，会让她有所依靠，变得撒娇、任性。我之所以让你离开，是希望能促使你的孩子自己去面对困难和痛苦。当她失去父母的依靠，就会突然间变得坚强和勇敢起来，并且不再害怕疼痛。”

其实，女孩子并没有我们想象中的那么脆弱，相反，很多时候女孩子比男孩子更勇敢、更坚强。因此，当女儿遭遇困难时，我们不要急着去做女儿的保护神，尤其是同为女性的母亲，应该给女儿做好坚强的榜样，并且学着放开女儿的手，让她学着自己克服困难、战胜痛苦。只有这样，女孩才能坚强地面对人生中的任何困难。

方法二：必要时为女孩设置障碍

一个女孩坚强不坚强，与她从小受到的教育有很大的关系。聪明的父母一定要明白，在女儿小的时候就应该让她经历挫折与磨难，很多时候我们可以主动为女儿设置一些必要的障碍，让她通过种种磨难学会坚强。

不过，父母最好有针对性地为女儿设置必要的障碍。例如训练女儿解决问题和思考问题的能力，事先将女儿的玩具藏在某处，然后给女儿一些提示，让她自己去找。

方法三：培养女儿的勇气

为了使女儿慧芳变得更加勇敢、坚强，爸爸经常带她去参加体育锻炼，并有意加入碰撞、勇敢者游戏等训练勇气的项目。慧芳很喜欢在游戏里和爸爸较量，在较量中她不但增长了力气，还学会了保护自己。

当然，她也有不小心受伤的时候。一次，慧芳在玩滑梯时，不小心把膝盖磨掉了一层皮。当时，她抱着膝盖，眼泪马上就要掉下来。爸爸没有大惊小怪，而是一边帮助她处理伤口，一边对她说："你在爸爸眼中一直是个坚强的女孩子，这点小伤还不至于哭鼻子，会被别人笑话的。如果你相信自己的坚强和勇敢，那么对爸爸笑一下。"于是，慧芳含着眼泪笑了起来。

从此之后，慧芳受一点小伤不再大惊小怪地告诉父母，甚至她自己都学会了包扎伤口。

女孩子的勇气并不是天生的，是可以通过后来的训练让她变得勇敢、坚强。因此，父母应该寻找机会，注重对女孩勇气的培养。

第40招

赋予女儿积极的进取心

养育真经

不求上进的女孩常常让父母很头疼，因为她们学习不努力，没有学习目标，甘于平庸，对学习没有奋发向上的激情，这样下去她们的未来也必定是暗淡无光的。因此，父母要学着激发女儿的上进心，让她变得积极进取起来。

由于性别的差异，男孩和女孩在集体中的关注点是不同的。当进入一个新集体，男孩想到的第一件事就是谁当“领导”。如果没能当上“领导”，他们会暗暗努力，并暗自和“领导”较量，想着超过并取代他。相比而言女孩对当“领导”欲望便不是那么强烈。

诗琪是一个聪明伶俐的小女孩，像其他的女孩一样，她也不太喜欢竞争。前些天，妈妈到邻居家做客，才知道诗琪的班里正在选班长。诗琪邻居家的小孩宇宇和诗琪在一个班，他对诗琪的妈妈说：“阿姨，我们班正在选班长，诗琪报名参选了吗？我是班里第一个报名的，我一定要把班长的宝座抢到手。”

看着宇宇自信满满的样子，诗琪妈妈非常羡慕，再想想自己的女儿，根本没和自己说过有这么一回事。回到家，诗琪妈妈问：“听宇宇说，你们班正在选班长，你报名参加了吗？”

当时诗琪正在看动画片，头也没回地说：“我才不报名呢，当班长有什么好的。”

妈妈说：“当班长怎么不好，不仅会得到老师的指点和信任，也能为同学们服务，提高自己的能力。”诗琪依旧看自己的动画片，一边看一边不以为然地说：“我才不羡慕呢，谁喜欢当谁就当去吧。”

和男孩相比，女孩不太喜欢竞争和挑战。现在的社会是一个竞争激烈、优胜劣汰的社会，谁进取心强、谁对成功充满渴望、谁不害怕竞争，谁才有可能在社会上脱颖而出，成为社会中的人才和精英。所以，为了我们的女儿能够获得成功，我们应该培养她们积极进取的个性，让她们成为进取心强、喜欢竞争和挑战的人。

方法一：鼓励女儿参加各种竞赛

让女儿多参加竞赛活动，既可以让她们适应激烈的竞争，还可以培养她们的自信心。有些女孩不愿意参加竞赛类的活动是因为缺乏自信，害怕在大庭广众之下丢面子。这时候，父母需要多给她们鼓励，并告诉她们，比赛的成绩并不重要，重要的是比赛的过程以及在比赛过程中得到的锻炼和提高。当女儿参加完比赛，无论比赛成绩怎么样，我们都要提出适度的表扬，这样可以提高她们参加比赛的积极性。我们应该相信，当女儿勇敢地迈出展现自我的第一步，她们会慢慢变成一个自信、积极进取的人。另外，如果女儿非常缺乏自信，可以让她们参加一些自己擅长的比赛。这样，孩子的自信心就会慢慢培养起来，进而有勇气和信心去和他人竞争。

方法二：帮助女儿树立理想和目标

乐萱是一个聪慧的小女孩，但是由于不用功，学习成绩只能在班里排到中下等。

有一天，妈妈趁着女儿高兴，对她说：“新学期到了，妈妈给乐萱制订一个学习目标，好不好？”乐萱非常爽快地答应了。妈妈说：“上次期末考试萱萱的成绩在40个人里面排名23位，这次期中考试能不能排到20位呢？”乐萱想了想说：“一共才前进3个名次，没问题。”妈妈说：“既然乐萱同意妈妈制订的学习目标，那我们就用笔写出来，贴在乐萱的书房里。”妈妈找来纸和笔，把制订的学习目标写出来，贴在了女儿的书房里。以前，乐萱十分贪玩，但是每当看到这张贴在墙上的学习目标时，她马上就不玩了。乐萱本来就非常聪明，再加上学习比以前用功，她的考试成绩一下子前进了14名。

乐萱的妈妈是一位非常优秀的母亲，她懂得为女儿制订学习目标的重要性。一句名言曾经说过：“理想是前进的动力，是照亮道路的火炬。”一个人树立了理想和目标，在前进的道路上就会充满动力，并且不会迷失方向。所以，我们要引导女儿树立远大的理想，并且鼓励她们为自己的理想去拼搏、去奋斗。

如果女儿年纪还小或者暂时没有自己的理想，我们可以帮她们制订一个学习目标或者学习计划，让她们明确前进的方向。当女儿有了自己的理想和目标，她们不仅会变得积极进取，并且也不会再怕那些前进道路上的艰难险阻了。

另外，在给女儿制定目标方面，我们应该遵循下面两点原则：第一，不要把自己的意愿强加给女儿。如果这项目标是父母单方面制定的，孩子不仅没有执行的兴趣，甚至还会产生厌烦的感觉，这项目标自然也不会得到很好的执行。第二，制定的目标大小要适中，最好是女儿“跳一跳”就能够达到。如果我们把目标制定得太高，不仅女儿不能完成，还可能会挫伤她的积极性和进取心。

方法三：多给女儿积极的评价

妙佳是一个学习非常努力的孩子，但是数学成绩一直不好。有一次，她的数学只考了62分。当她把成绩单给父亲看时，心里非常忐忑不安。但令她吃惊的是，爸爸看了看成绩单，不仅没有批评她，反而拍着她的肩膀说："虽然你的数学不太好，但是你的语文非常棒。你是一个学习努力的孩子，只要你再接再厉，你的数学一定会学好的。"听了爸爸的话，妙佳悬着的心终于放下了，并且没有对数学失去信心。

常常有父母抱怨："我家女儿就知道玩，学习成绩也不好，连一点儿进取心都没有。"不知大家想过没有，很多时候女儿没有进取心是我们一手造成的。例如当女儿做某件事没有达到我们的要求时，我们没有鼓励她们，反而给了她们太多的责备。由于不断受到父母的否定，女儿早已失去了做下去的兴趣，甚至还会产生一种想法：我怎么也达不到爸爸妈妈的要求，还不如不努力的好。由于女儿产生了这样的想法，进取心自然没有了。所以，我们要多给女儿积极的评价，让她们从我们这里获得前进的动力。当她们逐渐建立起自己的自信心时，就自然会变得积极向上了。

第 41 招

让失败了的女孩再坚持一次

养育真经

人们常说，失败的背后就是成功，关键在于你有没有继续坚持下去。由此可见，当女孩遭遇挫折或失败时，坚持努力比立即放弃更能靠近成功。无论何时，父母都应该鼓励女孩坚持下去，不要半途而废。

俗话说："不积跬步，无以至千里；不积小流，无以成江海。"如果父母在教育女儿的过程中，能够教会孩子凡事都再坚持一下，那么成功可能很快就会到来。

美国心理学家威蒙曾对 100 多名较高智商的成功人士做研究，发现这些人的成功与三种性格品质有关：一是自信，二是坚持，三是善于为实现目标不断积累。由此可知，持之以恒的坚持对一个孩子将来的成功是多么重要。

一般来说，能坚持的女孩在学习时，会比那些缺乏坚持的孩子更认真对待每一节课和每一次作业，自然在日积月累的学习上会取得更好的成绩，而那些缺乏耐性的女孩无法坚持做完一件事情，会觉得学习和生活都变得困难起来。

一位父亲谈起自己的女儿颇有些无奈：

我的女儿虽然已经上初中了，但是做事还是不能坚持，总是一会儿做这个，一会儿又做那个，学习更是如此。虽然每天放学回家就开始做作业，但是总是语文作业还没做完，就想着要去做数学，数学还没做完又觉得应该先背英语单词。她做作业时，人一直待在房间里，心却往往无法坚持半小时，总是刚拿起这本书，又翻开那本书，而且一会儿听音乐，一会儿又躺在床上，真拿她没办法。

可见，缺乏坚持的孩子在学习时总不能认真、专注。现在，能否坚持已经被认为是一个孩子心理素质优劣的衡量标准，也是孩子未来能否成功的关键因素之一。因此，父母一定要对女孩的坚持力进行训练，当然培养孩子的坚持力前父母也要有“坚持力”。

例如在平时生活中，父母可以利用身边的小事来锻炼女孩做事的坚持力，比如洗碗、收拾房间等。刚开始，父母可督促女孩用心做事，直到她做完一件事，在这个过程中要让你的女儿明白：做任何事都要坚持把它做完。除此之外，也有其他方法可以帮助父母教会自己的女孩学会坚持。

方法一：真正了解女孩放弃的原因，多鼓励和理解她

父母要注意仔细观察女孩的日常行为，并且真正读懂女儿内心的想法，很多时候她可能并不需要你提出具体的解决办法，而仅仅需要的是你的鼓励和理解。

例如有时女孩会说：“我不想考一百分”“我不想去比赛，但我又不想弃权”“我不想当班长”“我觉得我肯定不行”……这时，你可能会想女儿怎么这么不求上进，怎么这么胆小，怎么这么没自信。或许出色的你还会拿自己的“丰功伟绩”去刺激女儿如何没用，如何不像你小时候那么聪明、懂事。如果你这么想或者这么做了，那么你不仅是冤枉了自己的女儿，而且还错失了理解她的机会。

有一位母亲的教育经验是这样的：

每当女儿跟我说，她不想做什么或者不敢做什么的时候，我从来不认为这是她内心真正的想法。

比如她说不想考100分，其实我知道她非常渴望满分，但是害怕拿不到才会这么说，这时我就会对她说："不考100分没关系，只要你认真仔细做题就可以。"还有一次，她说不想参加演讲比赛，害怕自己说不好，我就对她说："你已经说得很好了，只要按平时训练的水平去比就可以，拿不到冠军也没关系。"

我发现每当我对女儿说完这些理解她、鼓励她的话，她就显得很放松，然后兴致勃勃地去做那些她嘴上说不愿意做的事情。

所以说，我们应该学会听女儿的弦外之音，这样才能真正理解她们。理解她们之后，她们的很多问题也就迎刃而解了。

方法二：帮助女孩确立行动目的，培养其积极心态

女孩时常会在行动过程中遇到各种各样的困难，而且因为困难的强度而变得影响了行动的坚持。因此，我们应该在孩子活动过程中，帮助她们确定行动目的，然后不断地鼓励、支持她们，帮助她们克服困难，让她们坚持做完每一件事。而当她们能顺利地克服困难，并且更加接近行动目标时，就会越自信，行动也会更坚决。

很多小女孩并不善于独立地给自己提出活动目的，所以她们的行动往往缺乏明确的目标，而且一有困难就容易选择放弃，根本谈不上坚持性。这时我们就应帮助她们确定行动目的，培养女孩做事先认清目的的习惯。另外对于年龄较大的女孩，父母要懂得启发孩子自己提出行动目的，使她们能为达到目的而坚持行动。

例如在女孩动手玩积木前，让她说说想建造什么东西。不要对她提过高的要求，而是让她经过努力就能达到，如果她遇到困难，你要和她一起想办法解决，让她体验成就感，变得自信、乐观起来。

方法三：让女孩养成凡事坚持到底的习惯

一位英国父亲是这样描述自己幼时的经历的：

有一天，我和小伙伴一起做游戏，由于不小心，手背被同伴擦破皮流出了血，疼痛让我的眼泪就要掉下来了。但是，我在心里告诫自己，一定要坚持住！最后，我忍住了眼泪，装出一副若无其事的样子，继续和小伙伴玩，因为我知道，一旦我的眼泪掉下来，同伴们就会认为我是懦夫，以后再也不愿和我一起玩了。现在，我也告诉我的女儿，在遇到困难的时候，要坚持一下。再坚持一下，你就是强者！

没错，胜利往往来自于再坚持一下的努力之中！如果我们的孩子在遇到困难的时候，能够有足够的意志去再坚持一下，这种坚强的意志足以让她取得成功。

当然现实中很多事情往往开始比较顺利，但后来遇到困难了，可能很难达到预期的目标。这时，我们一定要鼓励女儿千万不可轻易放弃、不可半途而废。因为，坚持下去事情很可能会朝着好的方向发展，即使结果仍不理想，努力坚持做完一件事本身就是一种成功，更磨炼了孩子的意志。

第42招

通过运动，培养女孩不服输的精神

养育真经

适当的运动不但可以帮助女孩强身健体，而且还能培养女孩不服输的精神。因此，父母应尽量抽出时间陪女儿参加一些体育运动，例如游泳、登山、羽毛球等，尤其是那些能够锻炼人耐性和勇敢的项目，对女孩的益处会更大。

有一个女孩在日记中这样总结道：

每当电视播送体育节目时，我都看得很兴奋，看到运动场上运动员们的奔跑、跳跃，我就想起了自己的小时候。

小时候我对游泳很感兴趣，还被市体校游泳队选上。但刚开始接触游泳的时候，我怕极了，是教练硬把我推下了泳池。后来的训练中每一个动作都要反复练习，十分的枯燥。我曾经因为太累想要放弃，但是发现这些苗头的教练诚恳地和我谈心。他对我说不是谁都可以做游泳运动员的，选上的一定是具有潜力的，而且所有成功的运动员都是付出了艰苦的努力。教练的话深深打动了我的心。从此以后，我每天坚持训练不间断，只要跳进泳池我就会全神贯注地投入其中，从不偷懒，渐渐地我成为班里的好学生而常受到教练的表扬。别人的赞赏让我坚定了信念，也使我养成了不怕苦、不服输的性格。后来，通过这么多年的训练，我明白了很多道理，也养成我自觉做事、不怕困难的作风。是体育运动使我拥有了一种不服输的精神。

事实的确如此，运动不仅能帮助女孩强身健体，还能培养她坚强、勇敢和不服输的精神。运动学专家研究发现，体育运动能促进人神经系统的发育，使神经细胞网络更密集，大脑运转更快、更有效，同时促进兴奋与抑制的交替转换过程加强，从而改善大脑皮层神经系统的均衡性和准确性，使思维更加灵活、协调。

除此之外，运动还有助于保持孩子身体健康，培养孩子的良好性格，而且还可以帮助孩子调节情绪、增进快乐，培养孩子良好的个性心理。

那么我们应该如何为女儿选择适合她的运动，以有利于她的身心健康发展呢?

方法一：根据女孩的性格选择合适的运动方式

“要爱上运动，关键在于了解自己！”据英国《独立报》近日报道，加拿大蒙特利尔肯考迪亚大学应用人体学教授吉米·加文最新研究指出，不同性格的人应该选择不同的运动方式，找到最适合自己的运动方式。这不仅有助于强身健体，而且还能促进性格的发展和完善。

紧张型性格的人多参加竞争激烈的运动项目，特别是足球、篮球、排球等比赛活动。因为赛场上形势多变、紧张激烈，运动者只有冷静沉着应对才能取胜，紧张型性格的人应该经常在类似的激烈场合接受考验。遇事就不会过于紧张，更不会惊慌失措，从而给工作和学习带来好处。

胆怯型性格的人多参加游泳、溜冰、拳击、体操、摔跤等运动。因为这些项目要求运动者不断克服胆怯心理，以勇敢、无畏的精神战胜困难。

孤僻型性格的人多选择篮球、排球、接力跑、拔河等团队运动，这类集体项目的共同点是要求每一位成员互相配合、交流，强调团队精神。多参加这样的运动会促进自己与他人交流、增强换位思考的意识。只有这样，才能有效增强自身活力和团队合作精神，逐渐改变孤僻性格。

多疑型性格的人可选择乒乓球、网球、羽毛球、击剑等运动。因为这些项目要求运动者头脑冷静、思维敏捷、判断准确、当机立断。

急躁型性格的人不妨选择下象棋、打太极拳、慢跑、游泳、射击等运动强度不高的项目，以逐步培养稳健性格。因为心理原因，急躁型性格的人一般都比较冲动，即刻满足感很强，忍耐能力较差，这些项目正好可以培养一种延迟满足的心理。

所以，要先确定女儿是属于哪种性格的人，然后再为她选择合适的运动方式。

方法二：鼓励女孩参与自己感兴趣的运动项目

很多时候，女孩不愿意外出参加锻炼，无非就是觉得体育锻炼非常枯燥、乏味。但事实上，体育运动的种类是非常多的，父母可以根据女儿感兴趣的项目为她报一个课外活动班，这样就能让女儿在自己喜欢的项目中得到充分的锻炼。

有一位父亲的教育经验是这样的：

假期的一个晚上，我带着女儿外出散步。在小区广场上，女儿看到很多同龄的小男孩、小女孩都穿着轮滑鞋在广场上自由地滑行，还有一些小女孩不时地做一些花样动作，引来一阵阵掌声和欢呼声。

我见女儿看得很入迷，于是便问她想不想像他们一样学轮滑，女儿当即兴奋地点点头。

第二天，我便带着女儿报了那个轮滑训练班。起初，女儿还信心满满地去学，但是刚练几下她就不练了，因为怕摔。这时，我就鼓励女儿说："你现在经历的他们都经历过，只要你熬过去了，你就能像他们一样自由自在地在广场上滑行了。爸爸相信你，别人能做到的，我的女儿一样能做到！"在摔倒很多次后，女儿能够穿着轮滑鞋自由地运动了。一个假期过后，女儿终于学会了轮滑。于是，在接下来的每个晚上，广场中都能看见女儿快乐的身影。

由于女儿掌握了这种新本领，她在每次学校会演时，都会上台表演轮滑。原本内向的她从此变得开朗，自信心被不断激发，在学习上也比原来用功多了。

其实，想让女孩积极地参加运动，父母就必须要积极地开动脑筋，不要把眼光锁定在跑步、散步等常规的运动上，生活中还有很多项目可以让女孩们乐在其中。

第七章

呵护女儿善良的天性

让女孩学会爱和感恩

一颗真诚、善良的心比黄金还要珍贵，因为有了这样一颗心，女孩会发现更多生活的乐趣与美；有了这样一颗心，女孩会体会到人与人之间那种无私关怀的感动与真情；有了这样一颗心，女孩会发现亲情、友情都是那么珍贵和温暖……所以，父母们要努力呵护女儿善良的天性，让她在得到或给予别人爱心时，都能够怀着感恩、珍惜的心，为自己也为他人创造一个幸福的人生。

第43招

公德意识，培养优秀女孩的第一课

养育真经

无论是在家里还是在公共场合，父母都应该对女儿进行公德教育，例如爱护公物和花草树木，尊老爱幼，不在公共场合大声喧哗等等。另外，要培养女儿的公德意识，父母必须以身作则，用自己的正确行为去影响女儿。

公德意识是现代文明社会公民的基本素养。培养女孩的社会公德意识，必须从幼年时期抓起，因为最初进入社会的孩子就像一张空白表格，父母对女孩公德心这一栏的影响是最直接、最深刻的。

一天，爸爸送女儿上学。爸爸提着女儿的书包，女儿吃着油条，吃完顺手就把油纸扔在脚下，爸爸竟毫无反应；

母女俩坐在公交车上，女儿想给一位刚上车的老爷爷让座，母亲却赶紧制止了女儿；

…………

上面这些真实的事例几乎每天都在上演，而事例中缺乏公德意识的女孩和其父母是很难获得人们的好感的。事实上，在公共场合，人们更喜欢那些有修养、言行举止得体的孩子。

在培养女孩的公德心方面，一位妈妈为我们做出了榜样：

6岁的女儿，已经具备了一定的耐力和体力。所以，每次坐公交车送她去学校或出去玩的时候，如果遇到老爷爷、老奶奶或者抱着婴儿的妈妈上来，我都会对女儿说："宝贝，考验你意志力的时刻到了，一起和妈妈站起来怎么样？"或许是受到我的影响，很多时候旁边人见女儿年龄这么小就知道主动让座，都很快站起来，把座位让给女儿，但懂事、乖巧的女儿常常会笑着拒绝道："谢谢您。我已经长大了，我不累！"

相信看到这么可爱、懂事的小女孩，人们都是带着赞赏和喜爱的心情去关注她的。公德心是女孩在日常生活中养成的调节自我、约束自我的能力，涉及她自身的人际交往能力、行为习惯和社会融入能力等。因此，父母必须重视女孩公德心的培养。

那么有哪些方法可以帮助父母把女孩培养成一个遵守公共秩序、懂礼貌、尊老爱幼、爱护公物的优秀女孩呢？

方法一：经常和女孩讨论身边的真实事例

一天，爸爸带着8岁的女儿天雪正走在去往学校的路上，看见前面一个成年人随手就将喝完的易拉罐扔在了地上。还没等爸爸做出反应，走在他们附近的一个小女孩就快步走上前去，把丢弃的易拉罐捡起来扔进了路边的垃圾箱里。

这时，爸爸就问天雪："前面我们看到的这两个人，你觉得应该向哪个学习？"天雪很快回答说："当然是向那位小姐姐学习了，她讲文明。"

爸爸又接着问："你和刚才那位小姐姐的差距在哪儿，知道吗？"此时，小天雪红着脸说："我没有像她一样主动跑过去……"

父母们千万不要小看生活中这些不起眼的小事情，教育女孩的公德意识就要从一点一滴的小事上去抓，因为正是通过对这些生活事例的讨论和评价，才一步一步引导女孩建立起更加完美的公德心。

方法二：教育女儿社会公德的准则

社会公德准则虽然没有专门的法律条文下发出来，但人们自发观念中形成的公德意识已经无形中成为约束其日常行为的规矩。因此，为了培养女孩良好的公德意识，父母应及时教给孩子一些社会公德的准则。

一般来说，父母可从以下几方面做好女孩公德心的教育工作。

1．遵守公共秩序。教育女孩在公共场所自觉遵守各种规章制度和纪律。例如过马路要看红绿灯，买票、等车要排队，医院、电影院等需要安静的场合不要大声喧哗，等等。

2．爱护公物。教育女孩要爱护公共设施、保护文物古迹、不乱写乱刻；跟女孩一起外出时，对那些破坏公物的行为要表示愤慨，并进行理智的分析批评，不能选择漠视。

3．维护公共场所的卫生，保护社会环境。教育女孩在公共场合不能随地吐痰、乱扔纸屑、乱摘鲜花或随意踩踏公共草坪等。

4．关心公益事业。父母要鼓励女孩多参加社会上的各种爱心活动，展现女孩善良、具有同情心的一面。

方法三：鼓励女孩多参加社区活动

女孩公德心的培养自然离不开公共场合，因此，我们可以让女孩多参与社会或学校的集体活动，进而增强孩子对所处地方的归属感，减少破坏行为，建立良好的公德意识。同时，父母还应鼓励女孩多参加公共场合的集体活动，这有利于锻炼她的人际交往能力，开阔她的视野，启发女孩多站在他人的立场上思考问题。

有一位母亲讲述了这样一件事情：

一天，我下班回来的路上，正巧看到女儿和邻居家的小弟弟走在前面。我本想和他们打招呼，但是这两个孩子走到楼下的时候，突然停了下来。

只听见女儿指着楼下的一些垃圾说："我们快回家拿簸箕和扫帚，把垃圾打扫干净吧！"小弟弟看起来有些不愿意，因为那些垃圾都是人们扔垃圾时不小心撒到外边的，而且还发出难闻的臭味。

女儿继续鼓励他说："昨天老师不是讲过要爱护公共卫生吗？待会儿如果有爷爷奶奶不小心被这些脏东西绊倒就不好了，我们一起打扫干净，然后我带你去我家看动画片！"在女儿的不断鼓励下，他们快速地跑到楼上拿来工具把垃圾清扫干净了。

回到家之后，我表扬他们说："刚才你们做得非常好，我都看到了，你们真是好孩子！"听完我的夸奖，这两个小家伙十分开心。

因此，作为父母，我们决不能吝啬自己对女孩的赞扬和肯定，尤其是当她主动做一些有公德心的事的时候。

第44招

给女孩一颗善良的心灵

养育真经

有人说："善良与品德兼备，犹如宝石之于金属，两者互为衬托，益增光彩。"没错，善良本就是女孩的天性，一个善良的女孩无论她是贫穷还是富有，无论她的容貌是美丽还是丑陋，她都能因为她的善良获得别人的尊重和喜爱。

妈妈晚上带兰兰出去玩，在垃圾桶旁看到一只觅食的小猫。那只小猫尾巴断了半截，身上还有几处伤口，显然是一只没人要的流浪猫。兰兰对妈妈说："妈妈，你看那里有一只受伤的小猫，我们喂它些吃的吧。"兰兰想过去把那只小猫抱起来，妈妈却一把拉住她说："别过去，那是只野猫，身上有病菌，我们快走吧。"妈妈拉着兰兰想离开这里，但兰兰死活不肯走，带着哭腔对妈妈说："那只受伤的小猫很可怜，如果没人照顾它，它会死掉的。"妈妈拗不过兰兰，最后只好回家给小猫拿来食物。

女孩是天性善良的，对于那些弱者、需要帮助的人、受伤的小动物，她们格外富有爱心和同情心。我们经常可以看到小女孩收养流浪的小猫小狗，安慰正在哭泣的同伴，给年迈的老人让座，甚至看到电视剧中感人的镜头，她们也会泪流满面。

对于善良这种品格，古今中外都给予了很高的评价。管仲说过："善人者，人亦善之。"雨果说过："善良是精神世界的阳光。"而英国著名文学家罗素，给予善良的评价更高，他曾经说过："在一切道德品质之中，善良的本性在世界上是最需要的。"确实如此，善良是一种伟大的品格，它不仅能够让人体谅别人的痛苦，较少地计较自己的得失，还会让人变得开朗、坚强，从而保持心理的乐观和平衡。所以，我们应该让女孩善良的天性得到发挥，把她们培养成一个善良、富有爱心的人。

当然，善良和爱心也是需要后天培养的，如果处理不当，很可能让女孩失去她的本性。现在，我们经常看到一些女孩虐待小动物，殴打、侮辱自己的同学，和父母吵架甚至打骂自己的父母……正是由于后天教育的缺失，才让这些女孩失去了善良的本性。所以，我们应该注重后天的培养，尽我们的全力把女儿培养成一个善良的人。那么，父母应该怎样培养女儿善良的品格呢?

方法一：父母要做女儿善良的榜样

周末，妈妈带女儿到游乐场游玩。在公交车上，妈妈看到一个年迈的大爷没有座位，赶紧站了起来。女儿不解地说："妈妈，你怎么不坐了？"妈妈回答："老大爷年纪大了，我们应该把座位让给他。"从那以后，女儿记住了妈妈的话，每次坐车都要给老人让座。

前面我们讲过，孩子是非常善于模仿的，她们常常把爸爸妈妈当成模仿的对象。所以，我们要想培养女儿善良的品质，自己就要先做到心地善良。如果我们常常自私自利甚至损人利己，女儿耳濡目染，也会慢慢变成这样的人，从而失去善良的本性。

方法二：教育女儿爱父母、爱家人

孟子曾经说过："老吾老以及人之老，幼吾幼以及人之幼。"亲情是一切感情的基石，一个人只有爱父母、爱家人，他才会去爱别人、帮助别人。如果他连自己的父母、家人都不爱，又怎么会有善良的品行呢？所以，我们要想女儿成为一个善良、富有爱心的人，首先就要教育她们爱父母、爱家人。

现在，在我们的身边，经常出现孩子顶撞、辱骂甚至殴打父母的现象，这完全是由于父母教育不当引起的。有些父母为了孩子能够幸福，甘愿自己受苦受累，成为孩子的“奴隶”。这样做是不对的。孩子饭来张口、衣来伸手，完全体会不到父母的辛苦，反而真的会把父母当“奴隶”使唤，慢慢变得不尊敬父母。所以，我们不能太娇惯孩子，而应该让他们分担些家务，体验一下父母的不易。另外，当孩子出现不尊重父母的现象时，一定要严加管教，绝对不能纵容。

方法三：教育女儿要宽容他人

女儿从学校回来，气呼呼地对妈妈说：“我以后再也不和我同桌说话了，她真讨厌。”妈妈问：“怎么回事？你和同桌闹意见了？”女儿仍是气呼呼地说：“我把刚买来的童话书借给她，她竟然给撕坏了。”妈妈说：“那本《女生贾梅》是你最喜欢的书，被她撕坏了你一定很心疼。”女儿说：“那当然了。”妈妈接着说：“不过我想你同桌也不是故意的，你们关系那么好，以前她还经常把自己的童话书借给你看。”女儿低着头没有说话。妈妈拍拍女儿的肩膀说：“我女儿是个宽宏大量的人，一定不会因为一本童话书和朋友计较的。再说童话书坏了妈妈还可以给你买，但是朋友要是失去了可就找不回来了。”女儿想了想说：“明天早上我就去和同桌打招呼，再也不生她的气了。”

宽容不仅是智慧的体现，也是善良的人必须具备的品质。试想一下，如果一个人非常苛刻，一点儿也不肯吃亏，对别人的过错也不依不饶，他又怎么会有善良之心呢？所以，我们要想培养女儿善良的品行，就要教育女儿学会宽容，做一个宽宏大量的人。

第 45 招

培养女孩孝敬长辈的优良品德

养育真经

因为父母的娇惯，很多孩子没有了敬老观念，不仅对长辈缺少了基本的礼貌和尊敬，更缺少了孝心和爱心。然而，孝顺长辈是中华民族的传统美德。我们应该对女儿多加指导，让她们把这种美德发扬光大。

尊敬长辈是中华民族的传统美德，但是现在很多孩子被娇惯坏了，俨然成了家里的“小皇帝”“小公主”。在这样的环境影响下，孩子没有了敬老观念，不仅对长辈缺少了基本的礼貌和尊敬，更缺少了孝心和爱心。

场景一：每到菁菁生日那天，妈妈都会给她买一个大蛋糕，做一大桌子菜，让她过一个开心的生日。但是菁菁不知道妈妈的生日是哪天，也从来没有问过。

场景二：这天，因为公司临时来了任务，妈妈晚上一直加班到9点才回到家中。然而，女儿不仅没有问候一下妈妈为什么这么晚才回家，而且非常不满地对妈妈说：“妈妈，你怎么现在才回来啊！我还没吃饭呢，你快去给我做饭吧。”

场景三：奶奶简直把孙女当作掌中宝，要星星不给月亮。后来奶奶卧床不起，孙女不仅没有照顾过奶奶，还嫌奶奶的房间有异味，几天也不去一次。

上面这些事例，都是在生活中经常发生的。另外，据一家报纸报道，有一对老人辛辛苦苦地把三个女儿养大成人，但是这三个女儿谁也不尽赡养义务，最后这对老人只能流落街头乞讨为生。看完了这则新闻以及上面几个事例，我们应该充分意识到：培养女儿孝顺长辈的好品质是非常必要的。如果她们连最爱自己的爸爸妈妈爷爷奶奶都不孝顺，不仅会让我们有些寒心，也不会受到其他人的尊敬。中国是一个重视孝顺的国度，只有那些孝顺长辈的人才能获得大家的尊敬。

孝顺这种美德是会传递的，如果父母孝顺长辈，孩子看在眼里，也会孝顺父母。当然，父母除了要给女儿树立一个好榜样外，还要让女儿知道自己为这个家所付出的辛劳，这样，女儿就会更懂得孝顺父母了。如果家有老人，可以让女儿为他们做一些小事，这样也有助于女儿养成孝顺长辈的好品德。

方法一：父母要以身作则

也许我们都看过这样一个故事：

一对夫妇对自己年迈的父亲非常不孝，他们把老人赶到茅草屋，每到吃饭的时间把饭放到那儿转身就走。由于老人年纪大了，常常把碗打破。这对夫妇连碗都不给老人用了，而是用木头削了一个碗状的器皿代替。有一天，他们回到家，看到自己的孩子正在用刀子削木头，便问她在干什么。孩子说："我在削木碗，等你们年纪大时好用。"

父母是孩子学习的榜样，一言一行都会影响到孩子。所以，父母在和长辈相处时，一定要表现得孝顺、体贴。有了父母的影响和带动，孩子会看在眼里，记在心上，最后也会养成孝顺长辈的好品德。

方法二：让女儿理解父母的辛苦

敏芬的妈妈是一家医院的护士，每天工作都非常累。有时候下了班，妈妈会对8岁的敏芬说：“今天妈妈太忙了，胳膊有些沉，宝贝女儿快给妈妈揉一揉。”等敏芬给妈妈揉完胳膊，妈妈会对她提出表扬。时间长了，敏芬知道妈妈每天都非常忙，就不再吵着闹着让妈妈带她去玩。有时候她还会对妈妈说：“妈妈，今天你累吗？用芬芬给你揉揉吗？”

中国有一句俗语，叫作“不养儿不知父母恩”。现在很多孩子不知道孝敬父母，是因为他们不知道父母的辛劳，久而久之，把父母对自己的爱当作理所当然的事。据《羊城晚报》报道，广州数所小学联合进行了一个主题为“什么事让我最受感动”的调查问卷。结果54%的小学生认为“自己不是一个容易受感动的人”或者“我没有遇到让我受感动的事”，在“你曾经做过哪些让父母感动的事”一栏里，很多孩子都交了白卷。虽然我们对孩子的爱并不要求他们做出回报，但是我们应该让孩子知道我们为了他们、为了这个家庭所付出的努力和辛劳。这样，才会让孩子拥有一颗感恩的心，并对父母充满爱戴和敬意。

让孩子知道自己为他们付出的努力和辛苦，并不是向他们抱怨“我养育你太不容易了，你一定要好好学习才能报答我们”。我们应该用一种不带情绪的方式表达出来，就如上文中敏芬的妈妈一样。另外，父母还可以让孩子做些家务，这有助于他们理解父母的操劳和辛苦。

方法三：让女儿从小事做起

昨天带女儿到同事家去玩，同事送了女儿一盒甜点，那是她老公去西班牙买来的。回到家后，女儿打开包装就吃起来，并且不住地赞叹："真好吃，实在太好吃了。"我对女儿说："平时爷爷奶奶有好东西都留给你，现在你有了好东西是不是也应该让爷爷奶奶尝一尝？"女儿想了想，拿着那盒甜点走到爷爷奶奶的房间，对他们说："爷爷奶奶，我这儿有一盒美味的甜点，你们尝一尝吧。"爷爷奶奶虽然没吃，但是女儿的行动让他们感到非常高兴，不住地表扬女儿。从爷爷奶奶的房间回来后，女儿又去吃那盒甜点，她吃着吃着，忽然好像想起点儿什么，走到我面前说："妈妈，你也尝一下这盒甜点吧。"

这是一位母亲在网络上写下的日志。对于生活中的一件小事，她不仅没有轻易放过，而且以它为教材，给女儿结结实实地上了一堂关于"孝顺"的课程。

在生活中，细节最能表达一个人的孝心。为长辈倒一杯水、捶一次背、亲切地问候一声、有好吃的东西让长辈先尝一尝……这都是孝心的表达。所以，我们在培养女儿的孝心时也要从细微之处入手，这些点滴小事不仅可行，还可以持之以恒，让女儿养成习惯。等这种习惯一旦养成，她们也会成为一个孝顺的孩子。

另外，值得注意的是，在让孩子帮长辈倒水、捶背的时候，不要用命令的口气，也不要强迫孩子去做，因为这样会让孩子产生反感情绪。我们应该和颜悦色地和他们说话，并且在最后对他们提出表扬和赞赏。这样，孩子才能够在孝顺长辈的过程中体验到快乐和满足，从而更愿意去孝顺长辈。

第46招

呵护与培养女孩的同情心

养育真经

所谓同情心就是一种对他人的不幸和困难产生共鸣，并付诸行动对他人进行关心、支持、援助的情感，是人的道德情感之一。

美国《育儿》杂志网站刊登文章指出：孩子的同情心与生俱来，只不过它需要父母的培养和呵护。

著名教育家陈鹤琴先生曾说过，同情行为在家庭里在社会里是一种非常重要的美德。若家庭里没有同情行为，那父不父、母不母、子不子，家庭就不成为家庭；若社会里没有同情行为，尔虞我诈，人人自利，社会也不成社会。没错，同情心是女孩应具备的一种非常重要的人格品质。

其实，所谓同情心就是一种对他人的不幸和困难产生共鸣，并付诸行动对他人进行关心、支持、援助的情感，是人的道德情感之一，而这种情感正是儿童品德培养的重要内容，将对她们日后顺利融入社会，协调人际关系起到至关重要的作用。

一天，妈妈带着爱爱去同事家做客，结果同事的小儿子因为生病在吃饭的时候突然呕吐起来，桌上、地上都是呕吐物。爱爱看到后捂着自己的鼻子说着："真臭，真臭！"并且皱着眉头一副讨厌的样子。这时，妈妈赶紧带同事儿子去厕所，轻轻拍着小男孩的脊背，待同事儿子停止呕吐后，妈妈问爱爱："刚才小哥哥为什么吐了？""可能生病了。""那你生病时，感觉怎样？希望别人怎样对待你？""我上次生病很难受，妈妈照顾我。"爱爱说完有些领悟了过来，然后学着妈妈刚才的动作，轻轻拍着小哥哥的背，还拿起桌上的水让小哥哥漱口，最后还拿来餐巾纸给小哥哥擦嘴。

美国《育儿》杂志网站曾刊发文章指出，孩子的同情心与生俱来，只不过它还需要父母的呵护与培养。既然女孩天生就具有同情心，而且同情心又是女孩爱心的体现，那么作为父母的我们就应该从日常生活中找寻方法来进一步培养女孩的同情心。

方法一：善于发现和保护女孩的同情心

一位儿童心理学家曾说："如果我们富于同情心，那么当他们处于危险境地时，我们就有一种帮助对方的强烈冲动。"其实这种强烈的冲动是女孩与生俱来的，因为具有同情心的孩子能够敏锐地觉察到别人的困难和需要，进而产生同情的情感与帮助的行为。

有一位母亲的教育经验是这样的：

一天，女儿从幼儿园回家后对我说："妈妈，我们今天在树下玩的时候，发现一只死了的小狗狗，特别可怜，老师说是烧树叶时被烧死的。小狗狗会有多疼呀！我们班小朋友都哭了，老师和我们一起把它埋了。""那你哭了吗？"我故意问她。"我没哭出来。"女儿看着我，有些不好意思地说。"没关系，你难受就说明你有同情心，有同情心不一定都要哭的。"我开始帮助女儿校正她的想法。"你说它特别可怜，就说明你同情它。会同情别人是件好事。上次奶奶生病的时候，你不是把你的好吃的给奶奶吃了吗？这说明你是一个有同情心的孩子。”

这一切说明上述事例中的小女孩是个有同情心的孩子，她能从自身的体验出发感受小狗的痛苦，这种体验对孩子同情心的培养是不可忽视的一环。

方法二：用情境感化女儿，激发她的同情心

女孩的同情心不是靠口头宣传或大人的命令就能做到的，它都离不开父母的培养和引导，更主要的是需要情境感化，促使女孩具有同情心。例如让她通过在困难中渴望别人同情时得到了帮助，让她在现实生活中切身感悟，以便增强她的同情心。

有一天下午快放学了，天空突然下起大雨。李璐的妈妈去接李璐的时候，发现还有一个同学张锐待在教室里，上前一问，原来是没有带雨具，父母也没来接张锐，她只有无可奈何地等。这时，李璐的妈妈主动把自己的伞让给张锐。张锐说："阿姨，您把伞给我了，您怎么办啊？”李璐的妈妈说："没关系，我带了两把伞，我可以和李璐打一把伞！”李璐也在一旁微笑着说："张锐，你打着伞赶快回家吧，要不然一会儿天快黑了，我和我妈打一把伞就行了。放心吧，我不会让我亲爱的老妈淋雨的。”张锐高兴地说："阿姨，谢谢您！李璐，也谢谢你。阿姨和你真热心！”听着张锐的话，李璐妈妈和李璐都高兴地笑了起来。

可见，要让女孩对人对事产生同情心，感情世界变得深厚、丰富、真挚，就要教会她懂得如何关心、爱护、体贴人，并逐步形成一种自觉习惯和稳定的心理特征，构筑良好的思想素质，这样她才称得上具备了美好的心灵。

方法三：通过榜样的示范作用培养女孩的同情心

由于女孩在幼儿阶段的道德发展处于他律阶段，其思维主要是形象思维。因此，她们对抽象的概念和空洞的说教难以理解，而利用具体形象的榜样力量去教育影响她则可收到良好的效果。

父母为人处事的态度都在直接或间接地影响着女儿，因此，父母坐车时应主动给老人让座；可经常带女儿参加爱心活动；平日里，父母要做到尊老爱幼，对周围人友善，对弱者同情，这点点滴滴都会在女孩幼小的心灵上留下深深的烙印。

第47招

引导女孩学会爱和感恩

养育真经

当一个女孩懂得感恩时，她便会让感恩化作一种充满爱意的行动，在生活中去实践。于是，因为感恩父母，她会力所能及地帮助父母分担家务；因为感恩老师，她会用心学习；因为感恩生活，她变得积极乐观不断进取。

苏联著名教育家苏霍姆林斯基曾说："良好的情感是在童年时期形成的，如果童年蹉跎，失去的将无法弥补。"因此，越早对小女孩进行感恩教育越有利于培养她的感恩之心、爱心和对他人的同情心。

一个不懂得感恩的女孩，是无法去爱别人的，而感恩教育就是培养女孩感恩之心的最好方式之一。那么有哪些方法可以帮助父母培养女孩的感恩之心呢？

方法一：让女孩观看有关感恩的影视节目

有一位母亲在自己的网络日志中这样记录道：

每天为工作和家庭忙碌奔走，让我感到一种压力，但身体上的折磨我都可以忍受，唯一让我无法忍受的是女儿对我的态度。人们常说女儿是妈妈的贴心小棉袄，可我并没有感受到这件小棉袄的温暖，相反随着女儿年龄的增长，她对我总是不满："妈，你做饭怎么这么难吃，我不吃了！""妈，你太唠叨了，让我清静一会儿！""你管得太多了！"……女儿的不理解也许有一部分确实是我的过错，但她不懂得体谅妈妈的心，让我很难过。

为了让女儿懂得感恩，每个周末我都会尽量带她去看一些有教育意义的影片，平时在家里看电视，也尽量引导她去看一些感人的电视节目。没想到，一段时间后，事情真的朝好的方向发展了。女儿由最初的反感、抵触，到慢慢接受，乐意和我一起去看。女儿现在对我的态度也好了很多，还会偶尔帮助我做家务，这在以前是根本不可能的。最近这两天，她又想学做菜，至于原因用她的话说就是："老妈你的厨艺有待上升，不过，我学会之后，你们就可以天天享用美食了。"我想女儿的转变，和我让她时常去看那些教育影片和电视节目是分不开的。

如今，很多孩子都存在感恩心理缺失这一现象，她们往往习惯以自我为中心，对于个人之外的人和事物，都表现得比较自私、冷漠和霸道。父母要想改变这种情况，平时可以有意地让她们观看一些关于"感恩"主题的影片和电视节目，以便让她们深受感动的同时反省自己。

方法二：时常带女孩参加慈善捐助会

主动捐款、参加捐助晚会、参加慈善义卖活动……以集体形式出现的公益活动时常会出现在人们的生活中。

8 岁的艳艳有一个很胖的小猪存钱罐，妈妈对她说，等她的小猪吃满硬币的时候，她就可以买那个最喜欢的洋娃娃了。所以，每天她都很乖巧地帮妈妈打扫卫生，帮爸爸整理书房，因为这样她就可以赚取一定的酬劳，来充实自己的存钱罐。

有一天，妈妈带着她参加一个名为“救治白血病儿童”的捐助活动，让艳艳的小猪存钱罐变“瘦”了，但她一点儿也不伤心。因为妈妈曾告诉过她，小姐姐的病治好之后，光秃秃的头上就会和她一样长满黑黑的长发，但小姐姐没有钱治病。艳艳希望那个生病的小姐姐能和她一样有漂亮的头发，于是，小艳艳就把自己存钱罐里的钱都取了出来，全部投进了捐款箱。虽然那都是一角一元的硬币，加起来也没有 10 块钱，却是一个小女孩最真挚的关爱之心。

显然，父母常带自己的女孩参加一些慈善捐助会，会让女孩从小就懂得贡献自己的力量去帮助那些困境中的人们。

第48招

培养女儿助人为乐的精神

养育真经

助人为乐一直都是中华民族的传统美德。如果女孩在别人遇到困难时能伸出援助之手，那么这种温暖的力量既能够感动受帮助的人，对她来说也是一件快乐又满足的事情。

乐于助人，就是要求人们善于理解他人的处境、情感以及需要，随时去支持和关心帮助别人。从小培养女孩助人为乐的精神，对女孩今后具有高尚的情操、健全的人格有不可估量的影响。乐于助人的女孩，不仅会受到朋友的欢迎和他人的称赞，还会提升自信心，让她确信自己有能力去做很多事，去帮助很多人。

英国作家莎士比亚说过："慈悲不是出于勉强，它是像甘露一样从天上降下尘世；它不但给幸福于受施的人，也同样给幸福于施与的人。"为了让我们的女孩成为幸福的授予者和施与者，必须让她学会乐于助人，养成帮助他人的良好品德。

有一对父母是这样教育自己的女儿的：

一天，一个小女孩粗暴地将一位上门乞食的流浪者驱赶出了自己的家门，父母看到她的这种恶劣行为，特意为此召开了家庭会议。

父母非常严肃地对自己的女儿说："对于流浪者来说，尽管他们穿着邋遢，但他们同样享有人的尊严。"父母的教育使这个小女孩明白了一个道理：崇拜强者可能是人之常情，而同情弱者更是美好情感的一种体现。后来，这个小女孩主动建议邀请那位曾受自己侮辱的流浪者来家中做客，父母则毫无保留地支持。

其实，我们就应该这样教育女孩，让她具有一颗同情弱者、乐于助人的爱心。在帮助他人的过程中，女孩会学会怜悯和关爱，学会体贴和善良，无形中使这个女孩变得更可爱。那么有哪些好办法可以帮助父母们培养孩子乐于助人的精神呢？

方法一：多给女孩讲述充满爱的故事

一位母亲的育女经验是这样的：

女儿怔怔是一名小学五年级的学生，但乐于助人的美名早已经在社区和学校里传开了。在家里她经常帮助我做家务，帮助邻居的张奶奶倒垃圾，替小区的工人给花园浇水。只要是看到身边有需要帮助的人，她都会尽自己的能力去帮助；在学校她还经常主动帮助那些有困难的同学，而且时常带领大家去做一些公益活动，被学校评为三好学生。邻居或老师一见到我，都是夸女儿如何热心肠、爱做好事。不过女儿总是对别人说："我爸妈从我很小的时候就给我讲那些乐于助人、关爱他人的故事，慢慢地我学会了怎样去关爱、同情和帮助别人。"女儿说的这些都是实话，赶到周末或者节假日的时候，我们还会带她去参加一些公益活动，让她了解到这个世界上还有很多需要帮助的人。

这个世界上能创造奇迹的就是爱，这种爱可以是那种无私的大爱，也可以是点滴的小爱。因此父母可通过多种方法让女儿变得有爱心，进而伸手去帮助别人。很多时候那些书中的关于爱的故事，那些现实中实实在在的爱的故事，都能够成为父母教育女儿的最佳案例。

方法二：给女孩提供关心他人的机会

王倩今年10岁，是家里娇宠的独生女，也正因为这样，养成了她霸道、任性的性格。上了小学之后，王倩虽然交了很多朋友，但是没多久，大家都不爱和她一起玩了。妈妈通过观察发现，正是女儿自私、霸道的性格让大家都远离了她，而她根本不知道去关心和帮助别人，只知从别人那里索取自己想要的友谊、称赞，一旦朋友受不了离开她，她就把原因都归咎在别人身上。妈妈担心王倩长此下去，对她的身心健康不利，所以决定让女儿参加一个城市与农村孩子的“手拉手”活动，让女儿把自己不用的书本、衣服等都整理好，送给那些买不起课外读物的孩子们。妈妈没想到的是，仅仅半个月的活动，女儿就像变了一个人似的，她像个小老师一样给那些孩子讲解童话故事、科学知识，而且还帮助一个年幼的小妹妹辅导功课。

回到家的时候，王倩对妈妈说：“妈妈，下次再带我去吧。我会学更多的知识去讲给我的好朋友听，而且从今天起我要攒钱！”

“攒钱做什么？”妈妈疑惑地问。

“有个小妹妹想要一个书包，我要凭借自己的努力给她买一个书包寄过去。”王倩快乐地说。

王倩的转变令人感到欣喜和宽慰，由此可见，给女孩提供一些关心他人的机会，会让她学会如何关爱别人。因此，父母可借助一些爱心活动，让女孩体会帮助他人的快感和成就感。例如让女儿帮忙做家务，并给予她适当的表扬或奖励；让女儿参加一些适合她年龄段的公益活动；让女儿照顾那些比她年龄小的伙伴等。

第 49 招

鼓励女孩和别人分享快乐

养育真经

只有和别人分享自己的快乐，才会得到更多的快乐。有人说，当你把痛苦和别人倾诉，那么你的痛苦就会减少一半，而当你把快乐和别人分享，你就会得到双倍的快乐。所以，父母应该鼓励女孩和别人分享自己的快乐。

一位妈妈曾苦恼地在日记中写下了这样一件事情：

一天，上小学一年级的女儿大哭着回到家，一见到我们，哭得更厉害了。这让一向过度疼爱女儿的丈夫很紧张，以为女儿遇到了什么大事情。等女儿情绪平稳之后，她对我们说出了原因：“今天在学校的时候，大家都对着我唱‘小气鬼，喝凉水；喝完凉水变魔鬼’，我讨厌他们，再也不要和他们玩了。”原来是同学们的恶作剧让女儿的自尊心受到了伤害，所以她才这么难过。

后来，我通过女儿的几个同学了解到，女儿在学校和大家一起玩的时候，总有些霸道，有什么好玩的东西也不愿和朋友一起分享，所以大家都不喜欢和她一起玩，还有几个调皮的孩子说她是“小气鬼”。现在，女儿在学校也没有几个好朋友，这让她显得有些孤单，有好几次我们鼓励她和朋友一起分享玩具和图书，女儿总是噘着嘴说："我不，这是我的东西，我才不要让别人用呢！"面对女儿的这种情况，我该怎么做呢？

这位母亲的苦恼想必很多父母也深有感触，为什么我们的孩子变得自私起来，不愿和他人分享自己的东西呢？一般来说，主要有两个家庭因素：一是父母事事以孩子为中心，二是父母独断专行的个性。假如你有这两种不利于女儿成长的因素，那你就需要仔细审视自己的教育方式了。我们一定要教会孩子慷慨待人，因为只有懂得乐于分享的女孩，才能够成长结交很多好友，在集体中也更加受欢迎，也更易得到他人的帮助。同时，要教会女孩懂得感恩，进而让她拥有一个更加快乐的心态。

方法一：父母要真心实意地与女孩分享

在生活中，很多时候女孩诚心诚意地请父母分享自己的东西时，父母不是坚决推辞，就是象征性地分享一下，岂不知这样谢绝孩子的一片好心时间久了，她们就会变得不懂谦让和分享。所以，作为父母，在培养女孩与人分享的同时，自己先要坦率地与女儿分享，成为与她分享的伙伴。

这一方面"哈佛女孩"刘亦婷的母亲就是典范。

刘亦婷的母亲刘卫华女士在教育女儿时，不但注意开发她的智力，更注重她的品德修养，尤其是在教女儿学习"分享"时，可谓用心良苦。

在刘亦婷很小的时候，刘妈妈每次给她吃水果或者其他食品时，总会要求女儿和他人分享。当时，由于经济状况并不太好，每次给女儿买水果或其他营养品时，刘妈妈和刘爸爸都要节衣缩食。虽然很多时候爸爸妈妈不舍得吃那些难得买来的水果，但为了让女儿学会与他人分享，爸爸妈妈每次都会狠心地吃一点点。

方法二：教女孩分享时，一定要注意细节

父母的言行举止对孩子有着直接、持久的影响，但很多父母并不重视这一点，认为小孩子察言观色的本事并没有那么强，因此在教育孩子时不自觉地采用了错误的方式。

例如有一个小女孩在妈妈端上一盘大小不等的苹果时，她会选择那个最小的，因为她知道接下来妈妈不但会把那个最大的让给她，还会表扬她做得好，是个好孩子。小女孩为什么会这样“狡猾”呢？因为有一次，她选择那个大的苹果，妈妈就批评她不懂得分享；当她选择那些小苹果时，妈妈就称赞她很有礼貌。从那之后，只要她想得到自己想要的东西，就会用这种方法。这位妈妈本意是想要教女儿学会分享，但由于方法不当，使得小女孩最终变成了一个爱撒谎的孩子。因此，父母在教育女孩学会分享时，一定要注意生活细节。

方法三：用交换法让女孩学会分享

一位妈妈的育女经验是这样的：

我有两个女儿，一个 8 岁，一个 10 岁。小姐妹一般情况下都能很好地相处，但也常常会为争抢玩具而争吵。后来，我就买了一个小狗形状的定时器。每当两个小丫头一起玩的时候，我总是为她们设计相同的时间，有时是 5 分钟，有时是 10 分钟，时间一到，其中一个必须放下自己正在玩的玩具，让另一个来玩。就这样，两个女孩都学会了在属于自己的时间里玩，而且知道时间一到，自己就不应该再霸占着玩具，否则以后就没的玩。因为我在之前给她们规定只要其中一个孩子违反了规则，那么这个玩具的所有权就要归对方。

无独有偶，另一位睿智的妈妈也采用了交换法，让女孩学会了分享。

我只有一个女儿，我希望她能成为一个不自私、乐于与他人分享的人。每次我给女儿买她喜欢的芭比娃娃、童话故事书或者漫画时，总会鼓励她带到学校去，让女儿与其他同学交换自己的芭比娃娃、童话故事书或漫画。平时，我总是这样对女儿说："女儿，把你的东西借给别人，然后再向别人借你喜欢看或者喜欢玩的东西，这样我们花很少的钱就可以玩很多的玩具、看很多的故事书和漫画。你说妈妈说得对不对？"女儿非常赞同我的话，并且渐渐理解了分享的真正意义。现在，她已经是名初中生了，我给她买的玩具和图书等并不多，但她在与同学的相互交换中已经分享了更多的玩具和图书，这也无形中增进了她与同学间的亲密友谊，帮助她交到了很多好朋友。

第八章

给女儿一个护身符

帮助女孩顺利度过青春期

现今社会，女孩子遇到的安全问题、受到的伤害都在逐渐增多，例如很多女孩因为对性的错误认知，导致未婚先孕，还有很多女孩缺乏应有的警惕性，安全意识差，结果被骗……因此，父母必须提高青春期女孩的自我保护意识，让她们在离开成人的保护后，依然能够安全地保护自己，避免受到不必要的伤害。

第50招

请及早对女儿开展性教育

养育真经

当女孩进入青春期后，她们的身体会发生一系列的变化。如果对这些变化没有做好准备，女孩常常会产生困惑，甚至还会产生害羞、自卑的心理。所以，父母（尤其是母亲）应该提前把青春期的一些秘密告诉女儿，让她们做好心理上的准备。

随着女孩进入青春期，她们的身体将会发生一系列的变化，这也是父母应该注意的。由于教育观念落后，很多父母尽管很爱自己的女儿，却很少关注她们的生理变化。一家报刊曾经报道了这样一则新闻：

一个小女孩因为月经来潮身体不舒服，她的妈妈竟然以为女儿感冒了，非要带女儿到医院检查。女儿不肯，她便给女儿买来一大堆感冒药和补品，逼着女儿吃。后来，女儿红着脸向妈妈说出了实情，这位母亲才知道了女儿不舒服的真正原因。

从这则新闻中可以看出，现在很多父母最关心的是女儿的物质方面，却忽视了女儿的心理生理变化。女孩的青春期并不是月经来潮、越长越漂亮那么简单，她们的生理变化还会催生她们的心理变化，比如独立意识逐渐增强，开始对异性产生好感等。这个时期如果处理不当，会使她们产生困扰、自卑、不安、焦虑等心理问题，甚至还会产生一些不良行为。

一位教育专家曾经说过："了解孩子的生理变化，才能够更好地把握孩子的心理变化。"所以，父母一定要关注女儿青春期的生理变化，让女儿健康地成长。对女孩来说，青春期是一个特殊的阶段，父母一定要关注女儿的生理变化，并把相关的健康知识告诉她们，尤其是母亲应该承担起更大的责任，起到更加积极的作用。

方法一：妈妈要及时将生理健康知识传授给女儿

同为女性，妈妈可以把自己的生理健康经验传授给女儿，让女儿对自己的生理变化有一个正确的认识。

一位母亲谈到了自己的育女经验：

有一天，我身体不舒服，11岁的女儿关心地问我："妈妈，你是不是生病了？"我对女儿说："妈妈没有生病，是妈妈的'老朋友'来了，等你长大了，你也会有自己的'老朋友'。"接着，我便告诉女儿月经来潮是怎么一回事，并且告诉她这是女孩长大的标志，不要大惊小怪。在接下来的日子里，我还教给女儿怎样接待自己的"老朋友"。一年后，女儿也开始月经来潮了，因为我已经预先给她打了预防针，女儿一点儿没有感到吃惊，甚至还有些骄傲地对我说："妈妈，我现在长大了。"

对于自己的身体变化，女孩常常会产生困惑，甚至还会产生自卑、害羞的心理。所以，女孩的妈妈要把这些生理健康知识告诉她们，让她们正确、轻松地面对这些生理变化。

方法二：及时和女儿谈性

在女孩很小的时候，她们就会对性别产生兴趣，例如她们会问爸爸妈妈："为什么小弟弟有'小鸡鸡'而我没有？"由于中国人保守的传统，父母不愿意和女儿谈论这些，常常会找个话题岔开。等女儿长大一些，父母更是避免或者拒绝向女儿谈性了。其实，这样做是不对的，我们应该尽早对女儿进行性教育，让她们对性有一个清醒的认识，这样，她们才不会在青春期做出偷吃禁果的事情。

一位父亲分享自己的育女经验：

在女儿三岁半时，有一次，她非常奇怪地问我："爸爸，为什么我和齐齐长得不一样？"我告诉她："齐齐是男孩，长得和爸爸一样；而你是女孩，长得和妈妈一样。"等到女儿四岁半的时候，她又问我："爸爸，我是从哪里来的，是妈妈从公园里捡来的吗？"很显然，她对妈妈的话有些不信，前来找我查证。我对她说："你是从妈妈肚子里生出来的，妈妈在生你时还会非常疼，所以你要对妈妈好一些。"女儿十分乖巧地点了点头。

等女儿到了六七岁的时候，她已经知道怀孕这回事了，她又来问我："爸爸，妈妈是怎样怀孕生下我的？"我给她解释说："爸爸身体内有一种叫精子的东西，妈妈身体内有一种叫卵子的东西，当精子和卵子相遇，小宝宝就产生了。"在这里，我没有给她进行详细的解释，因为讲不透，反而会激起她的好奇心，让她觉得更加神秘。

现在，女儿已经12岁了，前些天，我给她买了一本《父母送给青春期女孩最好的礼物》放在书桌上，让她可以在这本书上学到很多知识。

方法三：不"倾轧"女儿的生理健康

有些父母非常在意女儿的学习成绩，在她们月经来潮身体不舒服时仍会逼着她们写作业、上补习班。这就倾轧了女儿的生理健康，对她们的身体非常不好。当女儿进入青春期后，父母应该多关心和照顾她们，让她们更讲个人卫生，远离疾病侵害。毕竟，健康比什么都重要。

第51招

帮助女儿走出早恋的迷宫

养育真经

当孩子进入青春期后，对异性产生好感是正常的。父母应该坦然和她们谈论爱情话题，把爱情教育当作人格教育的一部分。另外，父母应该尊重并信任女儿，鼓励她们和异性交往。这样，才能为女儿树立正确的爱情观，让女儿远离早恋。

当女孩进入青春期后，父母最担心女儿发生的事情莫过于早恋了。一位母亲曾经非常忧心地说：

在女儿上初中之前，我和老公在女儿身上从来没有费过太多的心思。她是一个非常优秀的孩子，无论在学习还是在品德方面，她几乎不用我们管教就能做得很好。但是自从女儿上初中后，我们对女儿突然担心起来。现在电影、电视剧中演的除了爱情还是爱情，她们又在那个年纪，能不受到影响吗？据女儿说，他们学校有很多孩子都在谈恋爱，学习成绩直线下降。我真害怕女儿也会背着我谈恋爱甚至偷尝禁果，现在我甚至有些神经兮兮了！

父母的这些担心不是多余的。因为早恋本身就对孩子伤害很大，如耽误学业、伤害感情等。在恋爱交往中，小女孩更容易成为受害者的角色。现在我们在网络、报纸上有时会看到这样的新闻：某某初中女生因为男朋友提出了分手，最后吞食安眠药自杀。还有的未成年少女怀孕、堕胎。

因为有了这些担心，父母常常向女儿灌输这样的观念："离男孩远点""别和班里的男生交往"……甚至有的父母干脆做起了"007"，把女儿监视起来。如果发现女儿有了早恋的苗头，则把女儿责骂一通，逼她和那个男生断绝关系。这样做真的能够起到很好的作用吗？答案是否定的。

首先，教育专家指出，在孩子青春期阶段，有一项发展重点就是培养孩子与异性相处的能力。当他们具备了这种能力，成年后才能很好地处理感情和婚姻的问题。如果父母阻止女儿和男生交往，就无法培养女儿和异性相处的能力，这很可能影响到她们今后的婚姻和幸福。

其次，用监视、打骂的方式阻止女儿和男生谈恋爱，不仅不能从根本上解决问题，还会引起女儿的反感。有时候，女儿本来和某个男生只是朋友关系，因为父母的责骂，反而激起她的逆反心理，最后真的和那个男生发展到恋爱关系。

当女儿进入青春期后，身心发展日趋成熟，对异性产生好感是很正常的事。我们应该对她们进行爱情教育，让她们明白爱情的真正含义。只有这样，才能让她们真正地远离早恋。

很多父母都担心女儿早恋，那么，父母应该用什么方法避免女儿过早地谈恋爱呢？

方法一：与女儿坦然地谈论爱情话题

教育专家李镇西老师曾经说过："我把爱情教育作为人格教育的

一部分，因为爱情是一个人美好精神的组成部分，是美好人格的要素。而且，今天的孩子就是明天的妻子或丈夫、母亲或父亲，他们应该懂得爱，并且知道怎样去爱。”

受传统思想影响，大多数父母都认为和孩子谈论爱情话题是很不好意思的事情，根本无法说出口。还有些父母认为经常和孩子谈论这样的话题，更会激起孩子对爱情的憧憬和向往。其实这样想是不对的，我们都有这样的经验：别人越不想让你知道一件事，你就越对这件事感兴趣。同样的道理，我们越不和女儿谈论爱情话题，她越会对爱情充满神秘感和向往之情。所以，我们应该坦然地和女儿谈论爱情话题，让女儿知道爱情是一件严肃而神圣的事情，而不是一时的冲动。

方法二：尊重并信任女儿和异性朋友的交往

在女孩青春期阶段，我们应该培养她们与异性相处的能力。这首先需要我们尊重并信任女儿，正确看待她们和异性朋友的交往。其次，对大多数青春期女孩来说，她们和异性朋友相处，首先想到的是友情而不是谈情说爱。当然，她们有时分不清什么是友情什么是爱情，容易把二者混淆。这时，父母应该给予女儿一定的指导，让她们弄清二者的差别，并且把握好和异性朋友交往的方式和尺度。另外值得一提的是，我们不可能每天都守在孩子身边，只有通过尊重和信任的方式让孩子成为自己心灵的监护人，她们才会对自己负责，让自己远离早恋。

方法三：用崇高的理想激励女儿

很多孩子过早地陷入恋爱，是因为他们没有明确的奋斗目标。所以父母应该用崇高的理想激励女儿，当她们有了自己的理想和奋斗目标，就不会陷入早恋之中了。

一位父亲曾经这样谈到自己的育女经验：

去年，我女儿升入了中学，也进入了青春期。开学没多长时间，我就发现有一个男生老是打电话找女儿。当时我非常担心，生怕女儿和那个男生坠入爱河。但是我没有责问女儿，而是表现出了充分的信任和尊重，接到那个男生打来的电话时，我会不动声色地对女儿说："女儿，你同学找你。"然后就走出房间，让女儿一个人接电话。但是在平时，我经常给女儿上"政治课"，让她明白每一个阶段有一个重要的任务，而初中阶段最重要的就是学习。有一次我还对女儿说："女儿，你想听听老爸的恋爱经过吗？"女儿没想到我会和她说这些事，一下子来了兴趣。我笑着说："爸爸当时虽然家庭条件不算太好，但是小伙子还是蛮帅气的，所以当时有两三个女生喜欢爸爸，经常给爸爸写情书。但是爸爸知道自己当时的处境，如果自己不努力学习，就不能改变贫穷的命运，会一辈子穷困潦倒。所以，爸爸没有动心，把全部的精力都放在了学习上。"顿了顿，我接着说："你想一想，如果爸爸当时光顾谈恋爱而放松了学习，还会有今天的成绩吗？更不会找到你妈妈这样的好妻子了。"当时女儿没说话，但是很显然，我的话打动了她。过了一段时间，我再也没有接到过那个男生打来的电话。

方法四：理智面对女儿的早恋

青春期的孩子早恋是很正常的事情，因为感情问题并不是单纯靠理智就可以控制的。当发现女儿早恋时，父母不要粗暴地干涉，也不要用尖刻、嘲讽的话伤害女儿，因为这样做不仅不能解决问题，还会激起女儿的反叛心理，甚至会做出离家出走等过激的反应。父母可以和女儿开诚布公地谈谈心，肯定她产生这样的想法是正常的，并不会涉及品质问题；还要给女儿分析一下，现阶段主要的任务是学习，应该把主要精力放在学习上，如果她真喜欢那个男孩，就应该把友谊放在心底，而不是影响她的学习成绩。青春期的孩子需要父母的支持、理解和合作，如果父母能够更多地了解女儿，并让她们感觉到自己的爱，她们会自觉地配合的。

第52招

教女孩在诱惑面前敢于说“不”

养育真经

社会很复杂，各种各样的诱惑层出不穷，以致很多没有分辨意识的女孩因为抵制不住诱惑而受到伤害。因此，父母应教会女孩在面对诱惑时，如何守住自己的心，并让女儿掌握一些抵制诱惑的方法。

下午放学了，春风等了半天仍然没看见妈妈来接自己。她正等得着急的时候，一个陌生的中年男人走过来对她说：“你是春风吧？我是你妈妈的同事。你妈妈今天有事不能来接你了，让我代她来接你。车在那边，我们上车吧。”春风连想都没想就和陌生男人上了车。

上面这个事例是一位儿童心理学家在一所小学里做的一个试验。他用这样简单的方法，使很多孩子都上了当。在做完这个试验后，这位儿童心理学家指出，很多孩子自我保护意识非常薄弱，尤其是一些小女孩，她们对陌生人的话深信不疑，问都不问一下就和陌生人上了车。

也许我们应该为那些上了陌生人的车的孩子庆幸，因为这只是一个试验而已，并没有真正伤害到他们。但是在生活中，这样的案子是非常多的。据报载：

有两个初中女生在晚上回家，遇到私家车上的两个男人问路。那两个人把车门打开，示意她们走近一点儿。两个女孩根本没有防范意识，就走了过去。结果两个人一下子抓住她们，用力往车里拖。其中一个女孩挣脱出来逃掉了，而另一个女孩被拖了进去。后来这个女孩被不法分子辗转带到好多省份，不仅惨遭强暴，最后还被两人残忍地杀害。

生活是美好的，但是生活中也存在着危险和诱惑，尤其对女孩来说，她们更容易成为一些不法分子欺骗和伤害的对象。所以，我们要提高女儿的自我保护意识，让她们远离这些危险和诱惑，快快乐乐地生活。

为了防止女孩受到伤害或上当受骗，父母可以采用下面几个方法提高女儿的自我保护意识。

方法一：教育女儿提高警惕

女孩心地善良，很少对他人具有防范意识。因此，父母应该提高她们的防范意识，让她们不要太轻信陌生人的话，并告诉她们一些自我保护的方法。我们应该告诉女儿：独自在家时不要给陌生人开门；外出时应走安全路线，避开那些偏僻和陌生的地方；晚上最好不要外出，如果外出的话要结伴而行；不接受陌生人提供的饮料或者食品，谨防里面有麻醉药物；不和陌生人在偏僻的地方单独见面，尤其是陌生人的家里……把这些告诉女儿，可以提高她们的警惕，让她们远离各种危险和侵害。

方法二：教育女儿远离诱惑

前一段时间，网络上有这样一则新闻：

有一个女孩一直梦想成为明星，她看到网上某个电影公司正在招募演员，便报了名。谁知道这家公司根本不是一个正规的电影公司，它打着招募演员的名义，背地里却从事卖淫活动。这个女孩在公司老板的诱骗下出卖了自己的身体，却并没有换来自己想要的名誉，等她幡然悔悟的时候，一切都已经晚了。

在生活中，诱惑是非常多的。有很多女孩子禁不起诱惑，最后掉入别人设计的陷阱中，成为别人的猎物。所以，我们要培养女儿顽强的意志力，勇于对诱惑说“不”。这样，她们才能保证自己的安全，快快乐乐地生活。

方法三：和女儿进行情景训练

一位优秀的母亲曾经这样谈到自己的育女经验：

我女儿今年12岁了，非常单纯，连一点儿自我保护意识都没有。我觉得这样非常不好，因为生活中充满着危险和诱惑，应该提高女儿的警惕性才对。于是，没事的时候我就和女儿做起了情景训练。例如我会问她：“女儿，你说要是爸爸妈妈都不在家，有陌生人叫门，你开不开呢？”女儿想了想说：“不开，给陌生人开门太危险了。”我点了点头说：“对，不能开，因为那样太危险了。但是如果叫门的是你认识的人呢？例如爸爸或者妈妈的同事。”女儿想了想说：“这应该开吧，都是认识的人。”我说：“咱们前些天不是在电视上看过了吗，很多小孩都是被熟人绑架的。”女儿说：“那就也不开。”我说：“你可以给认识的人开门，但是开门前先给爸爸或者妈妈打个电话。”除了这个开门问题外，我还和女儿做过其他的情景训练，比如遇到坏人怎么办、遇到骗子怎么办……我感觉，用这种情景训练的方式比单纯说教的方法要好得多，孩子不仅更容易接受，在真的遇到这种情况的时候，也更能想起用什么样的方法来应付。

这种有目的的情景训练对提高女孩的自我保护意识非常有效，父母们不妨一试。

第53招

帮助女孩判断是非

养育真经

由于人生阅历尚浅，小女孩很容易犯轻信别人的毛病，自然上当受骗的可能性也会增多。因此，父母必须教导女孩分辨是非黑白，不要随便什么人都相信，要有自己的判断意识。

一位父亲无奈地对朋友这样讲述道：

我女儿已经上小学了，可是却不会判断是非。我发现女儿一点自己的判断能力都没有，平时就喜欢随着爷爷奶奶去评判别人，甚至像个小鹦鹉，长辈说是对的她就认为是对的；别人说这个人是坏人，她也就说人家是坏人。那孩子长大以后怎么办？说不定别人两句话就把她骗走了。我们该怎么教育她啊？

事实上，女孩在3岁以前判断是非是很困难的，因为这个阶段的孩子心理发育水平有限，还不能理解判断事物的好坏曲直。大多数女孩的道德观念是在3岁之后才逐渐产生的，并且随着社会交往的增加，逐渐内化形成自己的道德标准。

卡尔·威特认为，让孩子成为一个聪明的人比让他成为一个老实人更重要。事实上，老实的、循规蹈矩的人并不一定能够妥善地处理好自身与社会的关系，也不太可能达到与社会规范相协调的地步。他还说，孩子正处在半幼稚、半成熟的成长阶段，是独立性和依赖性、自觉性和幼稚性错综复杂、充满矛盾的时期。当孩子的人生观、世界观还未完全形成时，他们眼前的世界却已是纷繁复杂的了。现实中很多父母告诉女儿,世界是如何美好并且执意让女儿相信。但这种表面迷人的说法，只会使女孩失去分辨力，这样的孩子将来也难以成为一名成功者，因为轻信只会让孩子变得愚蠢和无能。那么有哪些方法可以帮助女孩判断是非呢?

方法一：培养女儿的独立个性，避免盲从

一味盲目地从众，可以扼杀一个孩子的积极性和创造力。而能否减少盲从行为，运用自己的理性判断是非并坚持自己的判断，是孩子将来成功还是失败的分水岭。

有一次，日本著名指挥家小泽征尔去欧洲参加指挥家大赛，在决赛时，评委交给他一张乐谱。演奏中，小泽征尔突然发现乐曲中出现了不和谐的地方，本以为是演奏家出错了，就指挥乐队停下来重奏一次，但仍觉得不自然。

这时，评委都郑重声明乐谱没有问题，而是小泽征尔的错觉。面对几百名国际音乐权威，小泽征尔不免对自己的判断产生了动摇。但是，他考虑再三，坚信自己的判断没错，于是坚定地说道：“不，一定是乐谱错了！”他的喊声一落,评委们立即向他报以热烈的掌声，祝贺他大赛夺魁。原来，这是评委们精心设计的“圈套”，以试探指挥家们在发现错误而权威人士又不承认的情况下是否能坚信自己的判断。

当对情境不了解或出现认知偏差时，此时的从众就是盲从。而经历尚浅的女孩更容易由于认知偏差导致盲从，狂热的追星族即是一例。

另外，女孩自身个性的不完善也是导致盲从的一个主要原因。研究表明，具有独立个性、良好自我观念的女孩，自我评价较高，自信心较强，具有较强的判断能力，她们的从众率较低。因此，培养女孩独立的个性和独立的认知方式有助于避免盲从。

方法二：带女孩在社会这个大熔炉中明辨是非

社会这个大熔炉是最锻炼人的活教材，最能训练小孩对具体的行为进行观察分析的能力。

有一天早上，爷爷带小孙女去动物园玩。可惜天公不作美，下起了雨。打车非常难。好不容易等到一辆空车，爷爷招手，车停了。但一位叔叔以飞快的速度坐了进去，爷爷带着小孙女也坐了进去，两人便争执了起来。当然这位叔叔最后还是让给了他们。下车后，小孙女就对爷爷说："爷爷，我今天要批评你了。""为什么要批评我？""叔叔先坐进去呀，就应该让叔叔坐。""但他是抢了咱招手叫停的车呀，而且不懂谦让老人儿童。""哦，原来是这样啊。"

看吧，小孩子就是这样认真，当她具有了一定的道德评价能力，就会对身边发生的事做出评价，提出她的看法，这是一个训练明辨是非的良好机会。

方法三：提醒女儿不要轻信陌生人

女孩为什么会轻信陌生人呢？一方面是因为她们生活阅历不足，另一方面是源于她们的想象天真和可爱。她们对身边的人缺乏是非辨别能力，分不清哪些是好人，哪些是坏人，也难以想到社会上有些人总是带着假面具出现，利用花言巧语引诱纯真的孩子受骗上当，最后酿成悲剧。

据媒体报道，一个6岁的小女孩被一个陌生人用甜言蜜语欺骗，说带着她去找妈妈，在小巷里转了几圈之后，这位看起来面色和善的叔叔突然拉下了脸，把小女孩绑架到一间黑屋子预谋向其父母进行敲诈。小女孩吓得又哭又闹，这个叔叔担心事情暴露，竟然用手紧紧捂住孩子的口鼻，最后将小女孩活活捂死。

现在这个社会虚假的东西太多，而小女孩又年幼无知，根本无法理解自己身边会有坏人出现，就容易上当受骗。所以，我们应该通过电视、新闻或者一些益智故事书，启发和提醒女儿注意身边的人和事，不要和不认识的人交往，更不得轻信陌生人。同时，还可以将发生在身边的事说给孩子听，以引起孩子注意。

第 54 招

别让女儿成为网恋的牺牲品

养育真经

很多父母都会对网络充满担忧，他们既担心女儿沉溺到网络中去，更害怕女儿成为网恋的牺牲品。这些担忧是正常的，但是我们并不能因为这些担忧就不让女儿上网。父母应该对女儿积极引导，让她们把网络当成一种学习工具，并且远离那些网络陷阱。

自从互联网得到广泛应用后，人们的工作变得更加方便、快捷了。一些教育家甚至指出，在新世纪不会应用网络的人，已经可以算作文盲了。但是在互联网越来越普及的现代社会，很多父母都反对自己的孩子上网，我们常常听到一些父母抱怨说：

“我家孩子每天就知道玩游戏，连作业都顾不得写了。”

“我女儿一有时间就坐在电脑桌前，既不和人说话也不到外边走走，现在人都变得很孤僻、古怪了。”

“网络上暴力色情的东西太多了，如果孩子不小心接触这样的东西怎么办啊？”

对于父母来说，他们有一点更为担心的，那就是怕女儿网恋，被坏人欺骗。其实，父母的担心不是多余的，青春期女孩正处在爱幻想、爱做梦的年纪，对美好的爱情充满了期待和向往。在网络上和陌生人谈恋爱更让她们感到神秘、浪漫，所以，很多女孩受不了诱惑，在网上谈起了恋爱。而一些色魔、恶棍更是抓住了青春期女孩的这一心理特点，把罪恶的双手伸向了她们。现在新闻中经常有女孩被网友欺骗甚至被拐卖的新闻，而且大多数的受害者都是天真、幼稚的女中学生。所以，父母防范女儿网恋是非常必要的。

既然网络有这么多的弊端和陷阱，我们是不是该反对女儿上网呢？答案是否定的。首先我们生活在信息时代，网络是根本离不开的，如果我们反对女儿上网，则是在让孩子拒绝现代文明，甚至会让她们成为“新时代的文盲”。其次，网络本身是中性的，它是起到积极还是消极的作用，完全取决于我们怎样利用它。所以，我们不应该反对女儿上网，而是要正确引导她们，让网络成为她们获取知识和信息的工具，而不是既浪费时间又伤害感情的陷阱。

既让女儿上网学到东西又避免女儿受到网络的消极影响，这两者并不矛盾。只要父母对女儿进行积极引导，制定电脑使用规则，就可以让女儿正确上网了。

方法一：父母应该熟悉网络

著名教育家李镇西老师认为，父母不仅应该鼓励孩子上网，自己也应该学着上网，这样才能给予孩子指导和帮助。只有父母也学会了应用网络，才能给予女儿积极的引导，让她们安全、正确地应用网络。

方法二：给女儿制定电脑使用规则

一位母亲曾经这样谈到自己的育女经验：

前年，我 13 岁的女儿对我说：“妈妈，您也给我买一个手机吧，我们班很多同学都买了手机，非常有用。”其实我早就想买一个手机了，但是我听说很多孩子都沉溺于手机游戏，因此耽误了学习，便对女儿说：“妈妈可以给你买手机，但是要给你制定一个使用规则，你答应吗？”女儿非常爽快地答应了。

我想了想，给女儿制定了这样一份手机使用规则：

第一，回家必须先写作业，写完作业才可以上网玩游戏。

第二，每次上网时间不能超过 1 小时。

第三，可以听听歌、看看新闻，也可以适当看节目，但是不要沉溺其中，更不能浏览不健康网站。

我给女儿买来手机后，把这份手机使用规则贴到了女儿书桌旁边，以提醒女儿。因为女儿事先答应了我的要求，所以尽量按照定下的规则去做。当然，女儿也有控制不住自己的时候，上了 1 个小时的网仍然恋恋不舍，不肯下线。这时候我会提醒她，并把规则念给她听。经过我的提醒，女儿一般会乖乖地放下手机。

值得我们注意的是，如果女儿违反规则时，父母不要纵容她，一定要按照规则执行。此外，我们也要充分信任女儿，这样，她们就会自觉地约束自己了。

方法三：引导女儿把网络当成一种学习工具

李镇西老师指出，很多中学生在网络上浪费了大量时间，是因为他们上网没有明确且积极的目的，一切都是盲目的。李老师同时指出，父母应该积极引导孩子，让他们带着任务上网，把网络当成一种学习工具。网络不仅仅可以聊天、玩游戏，还可以看新闻、查资料、收发邮件、制作网页等。当女儿精通了这些之后，她们会越发地感兴趣，就不会仅仅聊天、玩游戏了。

方法四：让女儿注意网络安全

因为网络具有虚拟性，所以存在着一定的安全隐患，这也是我们必须提醒女儿的。一位父亲有过这样的育女经验，非常值得我们借鉴：

有一段时间，女儿沉溺于QQ聊天，每次上网都很是兴奋。我知道，现在的孩子生活得非常孤独，他们需要到网络上去交朋友。但是我非常担心女儿交到坏朋友，更怕她上当受骗，因为女儿是一个非常单纯的孩子，别人说什么她都相信。

过了两天，我拿了一张报纸对女儿说："雨琦你看，又有女孩被网友骗了。"那张报纸讲了两个女孩去见网友，被网友监禁起来，并强迫她们出卖肉体，直到两个月后警察侦破了这个案子才被解救出来。女儿看过后非常震惊，好半天说不出话来。我趁机说："现在网络上骗子太多了，你一定要多加注意。如果有网友要你的家庭住址、电话号码等身份信息，你千万不要告诉他。如果有网友约你去见面，你也不要单独去见他，以免上当受骗。另外，你的照片也最好不要发到网上，因为有些网友喜欢恶搞，他说不定把你的照片弄成什么样呢。"女儿听了我的话不住地点头，对我说："爸爸，我记住了。"

上面这位父亲是非常聪明的，他没有利用说教的方式，而是用报纸上那些残酷的事实给女儿上了一课，让女儿增强了防范意识。另外，我们也要告诉女儿不要到网吧上网，因为那里人员复杂，更不安全。此外，我们还可以在电脑上安装保护软件，以便过滤那些黄色、暴力的信息，让女儿远离伤害。

第 55 招

生命教育，让女儿理解生命的价值

养育真经

越早对女孩进行生命教育，就会让她越早学着珍惜自己和他人的生命，进而推广到热爱大自然一切的生命。所以，生命教育对于幼小的女孩来说必不可少。

生命教育，主要是成人帮助孩子认识并珍爱、尊重自己和他人的生命，并在此基础上珍爱世间万物的生命，与自然、他人、社会和谐相处。

但是由于中国父母长期以来习惯对教育带着功利心，生命教育反而成为教育的盲点。也正是这个盲点，让很多女孩不知道生命的可贵,也不知道珍爱自己的生命和尊重别人的生命。生命教育的缺失，让我们的孩子失去了健康成长最关键一环。因此，作为父母，我们应该教会女孩理解生命的价值，并且给予她们正确的指导。

有一位母亲的教育经验是这样的：

一天，我正准备杀一条活鱼的时候，4 岁的女儿突然大哭起来。细问之后才知道，女儿是因为不忍心看着这条活蹦乱跳的鱼死掉而哭泣。所以我马上决定放弃做这道菜，把鱼留给女儿来养。

可见，很多时候父母对待生命的态度，将对女孩产生最直接的影响。上述事例中女孩的善良得到了保护，她的母亲教给她一个对待生命的规则：美味可口的食物绝没有鲜活的生命更重要。

反观现在，我们时不时都会在报刊、电视等信息渠道听到或看到这样的新闻，如少女轻生自杀、不爱惜花草树木和动物等。不少花季少女漠视自己生命，同时也不懂尊重他人的生命。而这些都与父母的生命教育有关，因此父母必须重视。

方法一：让女孩正确认识生命的价值

一位聪明的母亲的育女经验是这样的：

有一次，上高一的女儿突然好奇地问我："妈妈，人为什么要活着呀？"我想了一下，笑着说："女儿，你这个问题问得非常好。妈妈认为，人是因为爱而活着的。举个例子来说，妈妈是因为有你爸爸、有你，还有外公和外婆的爱活着的。因为你们爱我，所以我才活得有希望、有成就感。"

女儿突然调皮地又问："那我们要是都不爱你了呢？"

我仍然笑着说："假如真有那一天，我也会把自己无私的爱奉献给你们，让你们能因感受到我的爱而活着。"

女儿动容地搂着我说："妈妈，我知道了，我也要为了爱而活着。"

很多女孩都会和上例中的女孩一样，对"人为什么活着"而存有疑惑。或许很多父母会说，这个问题多好回答——人可以为了家庭而活着、为了事业而活着、为了衣食住行而活着……

没错，你可以告诉女孩千万种活着的理由，但无论是哪一种答案，这个答案都必须是乐观的、积极的、向上的，因为只有这样，才能让女孩们正确认识"人来到这个世上是为了什么"，才能让她们充满希望和热情地为未来打拼。

方法二：用恰当的词语向女孩表达“死亡”

“死亡”两个字并不可怕，但是很多中国父母却把这个词语渲染的很可怕，例如人死后要下地狱，森罗宝殿里有阎王爷、黑白无常，还有各种各样的残酷刑具，像刀山、血池、油锅、刑场等。这些都会让女孩对死亡产生误解。

除此之外，还有一种情况，也会让女孩产生误解，那就是对死亡的浪漫化和神话，例如人死后可以轮回转世，甚至还会死而复生……这些思想观念很容易使女孩们认为死亡不算什么，更认为死亡是一种解脱。

因此，父母必须正确地对女孩进行生命教育，用恰当的语言向女孩表达和描述死亡，让她们认识到死亡是一种客观存在的现象，它既没有那么恐怖，也不像书中、电视里描写的那么美好。死亡只是一种自然现象，是一个人人都会遇到的平常事，然后鼓励女孩更加珍爱生命。

方法三：让女孩理解生命的终结

女儿弯弯一直都是外婆从小带到大的，所以她们的感情非常深厚，但我的母亲因为得了重病，最终离开了人世，这让女儿难以接受。再加上当时她正在寄宿高中上学，我们为了让她安心学习，就没有告诉她外婆去世的消息。

女儿知道这个消息后，非常伤心，整个假期都异常消沉，饭也吃得很少，还经常把自己锁在房间里偷偷哭泣。

我实在看不下去，就决定和女儿好好谈一谈：“弯弯，妈妈知道外婆的去世令你很难过，妈妈也和你一样伤心，但悲伤并不能让外婆重新回到我们身边。”

“妈妈，你说的我都知道，可是我总觉得外婆没离开我，她还会回来的。”

“乖女儿，妈妈了解你的感受。不过，外婆确实是去世了，有一天妈妈也会不在的，这是大自然的规律。你想一想，如果妈妈活到几百岁，岂不成了老妖怪。”

“妈妈才不是，无论你多老都是我最漂亮的老妈。”说完，女儿破涕为笑，绽放了久违的笑容。

现实生活中，女孩们常常会接触死亡，如心爱的小兔子死了、邻居的老爷爷去世了、在马路上突然遇到一只死去的小狗……这些都是父母对女孩进行生命教育的绝佳时机，但前提是你不能说谎，而是真诚地告诉女孩一切，让她学会坦然接受生命的结束。

第56招

保护女孩的“秘密花园”

养育真经

每个女孩心底深处都有属于自己的秘密基地和个人领地，这些隐私她可能并不希望别人探触，尤其是自己的父母。所以，作为父母，我们不应该毫不尊重女儿的隐私，而是应该学着保护和理解。

如今，各种资讯手段日趋发达，电视、网络把现实生活中所有正面、负面的情绪与事件，更快捷地传递给孩子。当那些没有经过筛选的不良信息传递给女孩时，父母们就会非常担心。因此，如何掌握女儿的心理动态，并对其有效引导，就是父母们现在面临的重大难题了。

一位母亲就曾遇到了下面这种状况：

女儿咪咪有一个很私密的大箱子，从她4岁开始，她就不让我们碰这个大箱子了，她的理由让我们哭笑不得，她说那是她的“家”，如果我们随意打开就是“私闯民宅”。我担心女儿在里面放一些不安全的东西，于是趁女儿不在家的时候偷偷打开了这个大箱子看看，其实里面也没什么贵重的东西，就是女儿的玩具和一些看过的书，真想不通女儿为什么要把它们保护得这么严密，还不许我们看。后来，女儿回家发现有人动过她的大箱子，非常生气，竟然向我绝食抗议。我对她解释说她箱子里没什么值钱的东西，我又没给她弄坏，她不至于发这么大的脾气，结果女儿两个星期都没有理我，还一直说我偷窥她的秘密。小孩子有什么秘密可言啊！

小女孩真的没有秘密可言吗？当然不是，也许在成人看来，她们那些秘密有些可笑，但对她们来说那却是不想让别人接近的“秘密花园”。女孩虽小，但她们也有很多不能说的秘密，当她们每天的一举一动都处在父母的眼皮底下时，她们觉得没有自己的空间和自由。因此，父母不但不能随意揭穿女儿的隐私，而且应当保护好女儿的小秘密。

联合国《儿童权利公约》规定：“儿童的隐私、家庭、住宅或通信不受任意或非法干涉，其荣誉和名誉不受非法攻击。”我国《未成年人保护法》也对儿童隐私保护有进一步细化。教育专家也认为，偷看、查阅孩子的个人信息，并一味进行干涉与禁止，肯定不是最有效的教育途径，反而会因为父母的过多干预而让孩子产生逆反心理。那么有哪些办法可以让父母们维护好女儿的“秘密花园”呢？

方法一：尊重是打开女儿心扉的钥匙

尊重女儿的隐私权，是密切亲子关系、获得女儿信任的基础。作为父母，我们应该记住这样一个道理：我们越尊重女儿的隐私，女儿和我们的距离也就越近。如果我们总是认为“我们是你的爸爸妈妈，我们有权查看你的日记”，那只会让女儿产生防范意识，和我们的关系越来越远。所以，我们应该在生活中尊重自己的女儿。例如进女儿房间时，应该先敲门，等到女儿许可后再进去；帮女儿收拾房间或者书包时，也要和女儿说一声；如果想看女儿的日记或者书信，更需要得到女儿的许可。当父母对女儿表现出足够的尊重时，女儿才会对父母产生信任感，从而关系也越来越亲密。

方法二：不要窥探女孩的隐私

王芳是一个很漂亮的小女孩，只是左肩上有一大块暗红色的胎记，形状像一个桃心。王芳的父母觉得这很有趣，于是从婴儿时期开始，就爱在别人面前展示王芳肩膀上的红色桃心。到了三岁的时候，王芳对这样的行为开始表现出不耐烦，时常有抗拒的举动。父母认为女儿只是有点不好意思，并没有太在意。然而随着时间的推移，王芳的表现越来越反常，已经发展到一见到生人就躲藏起来，拒绝大人的拥抱、抚摸。

父母在展示女儿身上的胎记时，一定要设身处地地想一想孩子自己愿不愿意经常向他人展示自己的肩膀！在这一点上，女孩的心理和成人没有差别。因此，对于女孩身体上的缺陷，包括先天的缺陷、特征以及后天的疤痕等，父母都应避免在女孩面前提及，更不能当作谈资或笑柄。

除此之外，我们大人都希望拥有一定的个人空间和秘密，即使对最亲近的人也是如此。同样的道理，女儿虽然把我们当作最亲近的人，但她慢慢长大了，她也有属于自己的私人空间和隐私，她不想展示给父母或者别人的地方我们不要试着去窥探，更不要讥笑和嘲讽。

正如孔子所说："己所不欲，勿施于人。"既然作为父母我们不希望别人窥探我们的隐私，那么我们也不应该窥探女儿的隐私。这样，女儿才不会对父母产生信任危机，也不会在心中上起一把"锁"。

方法三：信任自己的小公主

首先，女儿将抽屉、日记本上锁，并不一定代表她们有了什么小秘密，也不一定代表她们在和同学谈恋爱，这只是她们有了独立意识和自尊意识。即使真的怀疑女儿在谈恋爱，我们可以直接去问她（当然，问的时候要用委婉的方式），这样也比窥探女儿的隐私更能让她们接受。其次，我们只有信任自己的女儿，才会获得女儿的充分信任，因为人与人之间的信任是相互的。

一位父亲曾经这样谈到自己的育女经验：

在女儿 13 岁生日时，我送了女儿一件礼物——一个带锁的笔记本。当时女儿非常高兴，但有点儿不好意思地说："老爸真了解我。"

我对女儿说："爸爸送给你一个带锁的笔记本，是因为你长大了，也需要有自己的小秘密了，爸爸理解并支持你想拥有秘密的愿望。"

女儿说："很多父母都会偷看女儿的日记，爸爸就不想知道我心中的秘密是什么吗？"

我说："别的父母偷看女儿的日记是因为他们不信任自己的女儿，而我非常相信自己的女儿，爸爸相信你能把自己管好。"

女儿听了这话非常高兴，甚至还喊了两声"老爸万岁"。我顿了顿，接着对女儿说："不过爸爸给你一个带锁的笔记本，并不是想让你把心锁起来，爸爸希望你能经常和我们聊聊天、谈谈心，有什么需要帮助的和爸爸妈妈说一声。爸爸妈妈相信你，你也要相信爸爸妈妈。"

女儿点了点头，非常愉快地答应了我的要求。从那以后，我和女儿都对对方保持着充分的信任，相互间不仅没有隔阂，而且关系更加紧密了。

第57招

教女儿巧妙应对陌生人

养育真经

小女孩对陌生人的戒心并不像成人那么深，往往陌生人的几句花言巧语或者几颗糖果，就能让女孩没有任何疑虑地跟着陌生人走。所以，为了女儿的安全考虑，父母必须教会女儿应对陌生人。

日常生活中，你有没有问过女儿下列问题：

下大雨你没有伞，一个陌生人说，他能送你回家，你怎么办？

在游乐场，一个陌生人说，他的宠物狗丢失了，请你帮他找一找，你怎么办？

一个能叫出你名字的陌生人说，爸爸妈妈受伤了，嘱咐他来接你，你怎么办？

…………

不要存着侥幸心理认为自己的女儿不会遇到这样的事情，现在很多孩子被拐走，就是因为他们轻易地相信了陌生人。

曾经有一家报社就“陌生人敲门”这一问题做过一项调查，主要的调查对象是4至8岁的孩子。当调查人员问他们：“如果陌生人敲门，你怎么办啊？”被调查的孩子几乎都说：“不开。”但是当调查人员改变了一下环境，化装成陌生人来到这些孩子的家中时，例如装成水电工人，有不少孩子都会犹犹豫豫地打开门。因为平时爸爸妈妈就让水电工叔叔进门了，孩子就会想：“我为什么不能让他进来呢？”

小女孩的心是纯净的，她不清楚陌生人都是什么样的，也想不到有些坏人看上去和蔼可亲，其实是在利用花言巧语欺骗她。因此，父母平时教育女儿时决不能局限于强调“不要和陌生人说话”“不要跟陌生人走”“不要吃陌生人给的糖果”等等，而是要用具体的事例去提醒和教育女儿，尤其是利用节假日这些特殊时间去教育女儿。

当然，除此之外，还有其他一些方法值得女孩父母们尝试：

方法一：要教给女孩具体的应变办法

有一位父亲的教育经验是这样的：

我平时一直嘱咐女儿，除了我和她妈妈之外，不要随便给陌生人开门，最好用家里的固定电话和我们通电话。但是这样做并不能让女儿直观认识给陌生人开门的危害性。所以，周末和假期的时候，我和爱人会联合起来对女儿进行教育。

有一次，周末的时候，爱人出差不在家，我对女儿谎称说要出去买东西，留下她独自在家。接下来，我乔装打扮一番，让女儿根本认不出我来，然后敲响了自己家的房门。

“你是谁？”女儿睁着大大的眼睛并没有认出我来。

“我是你们楼下的邻居，你爸爸在楼下买了很多东西，让你帮忙去提呢？”我粗着嗓子说。

女儿有些疑惑地望着乔装后的我，然后有些警觉地说：“我爸爸力气很大，用不到我。叔叔谢谢你了，我还有功课要做，再见！”说完就把门狠狠关上了。

我对女儿的表现很满意，因为我以前就教过她，遇到这种状况要怎么办。2分钟后，我口袋里的手机响了，是女儿打来的，询问我是不是需要帮助，并且把刚才发生的事情和我说了一遍。我说，不需要，并且表扬了女儿的正确做法。

这真是一位聪明的父亲，他用实际的事例让女儿明白，遇到陌生人敲门的事情应该如何应对。其实，每当寒暑假来临时，很多父母都比较忧虑孩子的安全问题，因为大多数情况下，父母一上班，家里就剩下孩子一个人。

对此，教育专家给出了自己的建议，例如告诉女儿一个最简单的道理，“接听电话时，你不要告诉对方自己的名字、地址、此刻谁在家里等任何与家里有关的信息。”“如果陌生人伸手来拉你，你就大声尖叫引起路人的注意。”“如果别人给你一定的好处让你跟着他去做什么的话，你要知道这个好处不是白来的，肯定是要付出代价的。”平时，在电视、报纸上看到孩子被绑架的新闻，就可以借此问女儿：“如果你也碰到同样的情况，会怎么做？”如果媒体报道，有个女孩在僻静的地方玩被骗子骗走了，也不妨与女儿讨论，哪些地方对小孩子来说是不安全的，在这种探讨的过程中，女孩会比平时更认真听大人讲话。

方法二：给女儿制造与人互动的机会

父母应主动制造一些机会，提供女孩与他人接触、互动的机会，例如让女儿到住家附近的商店买糖果，看着她进店里，等到出来之后，问问其中的经过、和售货员谈话的内容等等；偶尔请亲戚朋友到家里来玩，或带女儿参加聚会，让她实际练习应对的礼仪，如果女儿胆小、怕生、畏缩等表现不好时，别急着骂她或强迫孩子打招呼，父母可以先为女儿打圆场，回家后再以温和的态度教导她怎么做才是乖女孩应该有的礼节。这样一来，随着女孩年龄和经验的增加，自然能具备分辨的能力，进而学会待人处事、应对进退之道。

方法三：父母和女儿一起讨论故事

伶伶是一个5岁的小女孩，妈妈经常给她讲一些故事，并且询问她一些问题。例如妈妈给她讲小白兔与大灰狼的故事，问伶伶："大灰狼唱着好听的歌曲，但是小白兔就是不给它开门，这是为什么呢？"伶伶就会说："因为如果小白兔打开门就会被大灰狼吃掉，大灰狼是坏蛋。"妈妈就会接着说："没错，虽然大灰狼讲得很好听，但它都是欺骗小白兔的。所以，如果有陌生人给伶伶好吃好玩的东西或者敲我们家的房门，伶伶会怎么做呢？"伶伶说："那我会像小白兔一样不给他开门！"就这样，伶伶妈妈通过讲故事的方式教育了女儿不要随便轻信陌生人。

由此可见，平时父母可以透过讲故事、戏剧表演、图片说明、角色扮演等方式和女儿讨论，如说小红帽和大灰狼以及七只小羊等童话故事时，让女儿想想："小羊为什么会被大灰狼吃掉？""小红帽之前为什么不会被大灰狼骗，并且能够机警地逃过难关？"让女儿通过故事，提高思考、判断能力。即使女孩还小，没有办法一下子完全体会出来，慢慢累积、引导，她必能渐渐了解如何保护自己和面对陌生人。

第58招

一定要教女孩安全知识

养育真经

小女孩虽然不像小男孩那样调皮捣蛋，但是她们同样具有不亚于男孩的好奇心，而很多时候一些好奇心会让女孩陷入危险之中。即使女孩安安静静，也可能有一些危险存在。所以，父母必须教会女孩一些安全知识，让她们能够学会远离危险。

女孩子在社会中是弱小和易受侵犯的群体，因此，如何教导女孩避免外界的伤害，除了父母、朋友的保护和提醒外，更要让女孩学会自己保护自己。她们首先要掌握的就是一些必要的安全知识。

有一位母亲不无担忧地说："最近，我很担心未成年女儿的安全。因为看到网上很多女孩被骗，被胁迫卖淫、被拐卖等伤天害理的事件，我就担心心无城府的女儿保护不了自己。一方面我想要让女儿形成必要的安全意识，但另一方面我又不想破坏女儿对世界的美好认识。"的确，这是很多女孩父母都在忧虑的事情，尤其是慢慢进入青春期的女孩父母。

事实上，对女孩进行安全教育必不可少。因为，安全教育能影响一个女孩的思维和行为，能使她从小就养成珍惜生命、安全自律的行为和品德，这是具有重要意义的大事。国内外的实践经验也说明，安全的意识、思维、习惯，安全防护、应急和自救的技能和知识，应从儿童抓起，通过安全教育的传播和渗透，提高孩子的安全意识。

当然，加强女孩的安全教育一是要依靠学校，学校有着得天独厚的教育条件来获取知识，而且可以进行系统化、正规化、经常化的安全知识传授；二要发挥家庭的作用，父母是女儿的第一任老师，对女儿的行为方式有重要影响，家庭中父母的言传身教，使女孩安全意识得到强化；三要依靠全社会，通过各种各样的安全知识讲座和新闻媒体的广泛宣传，使我们的孩子获得足够多的安全知识和技能。当然一切都要先从家庭教育开始，毕竟与女孩关系最亲密的就是父母，她们也更愿意听从父母的话。

那么父母具体从哪些方面来培养女儿的安全意识以及传递给她必要的安全知识呢?

方法一：教给女孩一些日常的安全知识

父母应该在女孩比较小的时候，就把日常安全知识告诉给女孩。那么，安全知识主要包括哪些方面呢？有以下几点：

1. 电器安全：让女儿不要乱动家里的插头、插座及各种电器。

2. 煤气安全：一旦闻到煤气味儿，不要打开电源开关，更不要点火柴，应赶快打开窗户，让煤气散去，同时关上厨房门，避免让煤气进入室内。

3. 火的安全：告诉女儿不要玩打火机或火柴；如果发生火灾，要记得先拨打火警电话 119，然后往衣服上洒水，并用湿毛巾捂住嘴和鼻子，打开门，贴着地面，爬到最近的安全出口。

4. 交通安全：教给女孩一些交通规则，以及怎样看红绿灯，过马路要看两边等。

5. 防盗安全：告诉女孩如果发现家门被撬开，千万不要进门，因为有可能小偷就在里面，此时应迅速去邻居家或物业公司报警。

6. 防止走失教育：在女儿刚学会说话时，就要告诉她父母的姓名、自己的名字、家庭具体地址。等女孩大一点时，尽量让她知道父母的电话和单位。同时告诫女孩不要吃陌生人给的东西，也不要跟着陌生人离开等。

7. 必要的性教育：女孩到了四五岁时，妈妈就应向孩子说明哪些部位是个人隐私区，任何人无权随意接触。平时，即使是到医院检查身体，也要有监护人在场监督。

在女孩的成长过程中，或多或少都会遇到一些危急情况，因此父母很有必要教给孩子一些安全常识和急救知识。另外还要让女孩记住一些常用的求救电话，如报警电话 110、火警电话 119、急救电话 120 等，并能让孩子说清楚自己所在位置。

方法二：帮助女孩构筑自己人身安全的防火墙

一般来说，女孩比男孩更容易受到人身伤害，更容易轻信他人，而且善良的天性和同情心有时会让她们分不清好人和坏人。对此，帮助女孩构筑她自己的人身安全的防火墙就显得尤为重要。

父母可以从下面两方面去做：

1. 帮助女孩认识社会的真实风貌，明白世界上无论哪个文明或者落后的国家，都有好人和坏人，但好人还是占多数的。还要让女孩认识到自己并不是“大力士”，在很多方面自己属于弱势群体，缺乏抵抗外界侵害的力量；千万不要高估自己的文化知识和社会经验，要随时提高警觉性和自我保护意识。

2. 父母可以和女儿一起学习相关法律，比如《中华人民共和国未成年人保护法》《中华人民共和国预防未成年人犯罪法》等相关法律法规，以提高女孩识别是非、善恶的能力。

方法三：提高女孩应对外界侵害的自我保护能力

有一位母亲在谈到提高女儿的自我保护能力的时候，是这样总结自己的教育经验的：

每次女儿出门，我都会让她做一个简要的说明，例如她要去哪里，和谁在一起，要去干什么，我会在几点等她回家，等等。另外，我还要她背熟家里的电话和我的手机号码，至少记住一个好邻居的电话。一旦她遇到什么危险，要尽快通知别人。刚开始，女儿对我的要求有些反感，但是有一次她路上遇到了陌生人搭讪，很聪明地给我打了个电话，因此摆脱了别人的纠缠。从那之后，她开始主动汇报自己外出的情况。

每一位女孩的父母都应该像这位母亲学习，一定要随时掌握女儿外出时的情况，并让女儿学会自我保护，以免她遭受外界的侵害。现如今很多女孩正是因为对人与环境的危险因素的识别能力差，导致自己身心受创，例如随意上陌生人的车，结果被强暴等诸如此类的事情。

因此，父母必须要提高女儿对外界侵害的自我保护能力，教会她们遇到危险情况时应该如何处理。